FRIEDRICH NIETZSCHE

ECCE HOMO

Friedrich Nietzsche

Ecce Homo

Como se chega a ser o que se é

TEXTO INTEGRAL

Tradução
Antonio Carlos Braga

Lafonte

2020 - Brasil

Título original: *Ecce Homo, Wie man wird, was man ist*

Direção Editorial *Sandro Aloísio*
Organização Editorial *Ciro Mioranza*
Tradução *Antonio Carlos Braga*
Diagramação e Capa *Eduardo Nojiri*
Imagem *Bruce Rolff/ Shutterstock.com*
Revisão *Nazaré Baracho e Suely Furukawa*
Produção Gráfica *Giliard Andrade*

Dados Internacionais de Catalogação na Publicação (CIP)
(Câmara Brasileira do Livro, SP, Brasil)

Nietzsche, Friedrich Wilhelm, 1844-1900
Ecce Homo : como se chega a ser o que se é / Friedrich Nietzsche ; tradução Antonio Carlos Braga. -- São Paulo : Lafonte, 2017.

Título original: Ecce Homo, Wie man wird, was man ist
"Texto integral"
ISBN 978-85-8186-260-6

1. Filosofia alemã 2. Nietzsche, Friedrich Wilhelm, 1844-1900 I. Título.

17-11797 CDD-193

Índices para catálogo sistemático:

1. Filosofia alemã 193

Editora Lafonte

Av. Profª Ida Kolb, 551, Casa Verde, CEP 02518-000,
São Paulo-SP, Brasil - Tel.: (+55) 11 3855-2100,
Atendimento ao leitor (+55) 11 3855- 2216 / 11 – 3855 - 2213 – *atendimento@editoralafonte.com.br*
Venda de livros avulsos (+55) 11 3855- 2216 – *vendas@editoralafonte.com.br*
Venda de livros no atacado (+55) 11 3855-2275 – *atacado@escala.com.br*

Índice

Apresentação

Ecce homo! Eis o homem! – Nietzsche recorre a uma passagem do Evangelho de João (XIX, 5) para apor o título a este livro. Ele, ateu e imoralista declarado, toma a palavra de Pilatos no processo de Jesus de Nazaré, não para apresentar o Cristo que seria condenado à morte na cruz, mas para, sem lavar as mãos como Pilatos nem oferecer-se a si próprio ao suplício, apresentar-se como um autêntico sem-Deus e um sem-religião que percorre sua própria vida sob todos os aspectos: físico, intelectual, psicológico, social e espiritual. *Ecce homo* é uma autobiografia. Nietzsche se analisa a si próprio, senta no divã e diante dele está o psicanalista: o próprio Nietzsche. Apesar disso, não é uma sessão de psicanálise de Nietzsche para mudar a cabeça de Nietzsche; pelo contrário, é Nietzsche falando de Nietzsche, sem papas na língua, como sempre, aliás.

Embora seja uma autobiografia, este livro não traz muitos dados biográficos do autor. Poder-se-ia dizer que é uma biografia das obras dele, nem todas, mas quase. Poder-se-ia dizer também, por conseguinte, que Nietzsche discorre sobre a gênese, a elaboração e a confecção de seus escritos. Em última instância, é uma biografia de seu pensamento, de sua alma (que para ele não existe) e de seu espírito (que ele privilegia e supervaloriza).

Ecce homo é um livro desconcertante e até mesmo enigmático. Para alguns críticos é um livro sincero, honesto, fascinante, corajoso, no qual se revela a história de um espírito irrequieto e perquiridor, o primeiro espírito superior e pleno do mundo, aureolado de uma grandeza ímpar, de uma superioridade que por pouco não se equipara paradoxalmente à própria divindade (negada por Nietzsche), o que o leva a dizer: *Eu sou um destino*!

Para outros críticos, este livro é o cúmulo da petulância, do orgulho, da impudência, livro que causa repugnância e asco. Quem é esse Nietzsche que destrói todas as conquistas da humanidade com seus gritos, seus insultos, suas exclamações, suas condenações sistemáticas dos alemães? Quem é ele para condenar tudo o que os outros disseram e dizem ou produziram e produzem? Estaria ele ressentido porque há outras inteligências como a dele ou mesmo que podem superá-lo? Sua ânsia de ser o primeiro e único espírito iluminado não é uma desfaçatez? Melhor, não seria sinal de que é um louco ou alguém que está no limiar da loucura?

Apesar dessas reações opostas dos críticos, não se pode negar que esta obra de Nietzsche é singular e mesmo excepcional. Parece até que espelha uma genialidade, embora possa ser considerada genialidade patológica. Pouco importa. O fato é que o autor consegue cativar o leitor por suas colocações insólitas, por suas ideias incomuns, ainda que o faça esbravejando, cutucando, condenando, vociferando, trovejando, solapando, destruindo, arrasando e assolando. Mas é o estilo dele. É a voz dele. É o próprio Nietzsche profundamente nietzschiano...

Ciro Mioranza

Ecce Homo

Prólogo

1

Prevendo que precisarei, dentro em breve, enfrentar a humanidade com o mais grave desafio que jamais lhe foi feito, parece-me indispensável dizer *quem sou*. No fundo, todos já deviam sabê-lo, pois não deixei de "dar testemunho" de mim. Mas a desproporção entre a grandeza de minha tarefa e a *pequenez* de meus contemporâneos se evidenciou pelo fato de que não me ouviram nem sequer me viram. Vivo de meu próprio crédito; ou talvez minha existência se reduz a um preconceito?... Basta-me falar com qualquer "pessoa culta" daquelas que vêm me visitar no verão na Alta Engadina para me convencer que eu *não* existo... Nessas condições existe um dever contra o qual se revoltam no fundo meus hábitos e ainda mais o orgulho de meus instintos, ou seja, o dever de dizer: *Escutem-me, pois sou fulano de tal!... Sobretudo, não me confundam com outros*!

2

Não sou de modo algum, por exemplo, um espantalho, um monstro moral – sou inclusive por natureza a antítese da espécie de homem que, até o presente, foi venerada como virtuosa. Dito entre nós, parece-me que justamente é para mim questão de honra. Sou um discípulo do filósofo Dionísio, prefiriria ser um sátiro antes que um santo. Mas, leia-se este livro. Talvez tenha conseguido expressar essa antítese de modo jovial e afável, talvez este escrito não tenha outro sentido senão esse. A última coisa que *eu* pretenderia seria "melhorar" a humanidade. Não estabeleço ídolos novos; os antigos vão aprender o que significa ter pés de barro. *Derrubar ídolos* ("ídolos" é o termo que uso para designar "ideais") – isso sim faz parte de meu ofício. A realidade foi despojada de seu valor, de seu sentido, de sua veracidade à medida que *se fingiu mentirosamente* um mundo ideal... O "verdadeiro mundo" e o "mundo aparente" – dito com clareza: o mundo *inventado pela mentira* e a realidade... Até agora a *mentira* do ideal constituiu a maldição contra a realidade; a própria humanidade se tornou mentirosa e falsa até em seus instintos mais profundos – até chegar a adorar os valores *opostos* daqueles que unicamente teriam garantido o florescimento, o futuro, o elevado *direito ao futuro*.

3

Quem sabe respirar o ar de meus escritos sabe que é um ar das alturas, um ar *vivo*. É preciso estar preparado para esse ar, de outro modo se corre o grande risco de se resfriar nele. O gelo está perto, a solidão é imensa – mas como repousam tranquilas todas as coisas na luz! Com que liberdade se respira! Quantas coisas sentimos *abaixo* de nós! – A filosofia, como a compreendi e a vivi até agora, é vida voluntária no meio do gelo e nas altas montanhas – é a busca de tudo o que é estranho e duvidoso na existência, de tudo o que foi até agora proscrito pela moral. A longa experiência, proporcionada por esse caminhar no *proibido* me ensinou a contemplar tudo de forma completamente diferente do que se poderia pensar as razões pelas quais até agora se moralizou e se idealizou: a história *oculta* dos filósofos, a psicologia de seus grandes nomes se revelou para mim. – Quanta verdade pode um espírito *suportar*, quanta pode *arriscar* um espírito? Isso foi se convertendo cada vez mais para mim no verdadeiro critério do valor. O erro (a crença no ideal) não é cegueira, o erro é *covardia*... Cada conquista, cada passo em frente no conhecimento é *consequência* da coragem, da dureza consigo mesmo, da limpeza para consigo... Não refuto os ideais, calço simplesmente luvas perante eles... "*Nitimur in vetitum*"[1]: sob este signo minha filosofia há de vencer um dia, porque até agora a única coisa que foi proibida sempre, por princípio, foi a verdade.

4

Entre meus escritos, *Zaratustra* ocupa um lugar à parte. Com ele outorguei à humanidade o maior presente que esta até agora recebeu. Este livro, dotado de uma voz que atravessa milênios, não é apenas o livro mais elevado que existe, o autêntico livro do ar das alturas – todo o feito "homem" se encontra a enorme distância *abaixo* dele – é também o livro *mais profundo*, nascido da riqueza mais secreta da verdade, um poço inesgotável em que nenhum recipiente desce sem voltar repleto de ouro e de bondade. Nele não fala um "profeta", um desses espantosos híbridos de carência e de vontade de poder denominados fundadores de religiões. É preciso, antes de mais nada, *ouvir* muito bem o som que sai dessa boca, esse som alciônico, para não ofender impiedosamente o sentido de sua sabedoria.

"*São as palavras mais silenciosas que semeiam tempestades; os pensamentos que dirigem o mundo caminham com pés de pomba.*"

"*Os figos caem das árvores, são bons e doces; e, conforme caem, sua casca roxa se abre. Eu sou um vento do norte para os figos maduros.*

Assim, semelhantes aos figos, caem entre vocês, amigos, meus ensinamentos: bebam seu suco e sua doce polpa! Reinam em volta o outono e o céu puro e a tarde!"

Aqui não fala um fanático, aqui não se "prega", não se exige *fé*: de uma infinita plenitude de luz e de um abismo de felicidade vai caindo gota a gota, palavra a palavra – uma delicada lentidão é o *ritmo* próprio desses discursos. Essas coisas só acontecem aos eleitos entre os eleitos; é privilégio sem igual ser ouvinte aqui; a ninguém é dado ter ouvidos para escutar Zaratustra... Não é Zaratustra, apesar de tudo, um *sedutor*?... Que diz ele, pois, quando regressa pela primeira vez à sua solidão? Exatamente o contrário do que em situação análoga diria qualquer "sábio",

(1) Expressão latina que significa "lançamo-nos em direção ao proibido" (NT).

"santo", "redentor do mundo" e outros *decadentes*... Não só fala de outro modo, mas *é outro modo*...

"Agora vou sozinho, meus discípulos! Também vocês vão sozinhos! Assim o quero.

Afastem-se de mim e acautelem-se com Zaratustra! Mais ainda, envergonhem-se dele! Talvez os tenha enganado.

O homem do conhecimento não só deve poder amar seus inimigos, mas deve também poder odiar seus amigos.

Recompensa mal um mestre quem se contenta em ser sempre discípulo. E por que não ousam destroçar minha coroa?

Vocês me veneram. Pois bem, e se um dia sua veneração tivesse de sucumbir? Cuidado para que não os esmague uma estátua!

Dizem que acreditam em Zaratustra? Mas que importa Zaratustra! Vocês são meus crentes. Mas que importam todos os crentes!

Vocês não se haviam ainda procurado a vocês próprios, então me encontraram. Assim fazem todos os crentes: por isso vale tão pouco toda fé.

Agora lhes ordeno que me percam e que se encontrem a vocês mesmos; e só quando todos me tiverem renegado é que voltarei entre vocês..."

Friedrich Nietzsche

Neste dia perfeito em que tudo amadurece e não somente a uva começa a tomar uma cor escura, um raio de sol cai sobre minha vida: olhei para trás e olhei para frente e nunca havia visto de uma só vez tantas e tão boas coisas. Não foi em vão que hoje sepultei meu quadragésimo quarto ano; tinha o direito de sepultá-lo – o que nele era vida está a salvo, é imortal. O primeiro livro da *Transmutação de todos os valores,* os *Ditirambos de Dionísio* e, como recreação, o *Crepúsculo dos Ídolos* – tudo isto foi um presente deste ano, inclusive, de seu último trimestre! *Como não deveria estar reconhecido a toda minha vida? E assim conto minha vida para mim mesmo.*

Por que sou tão sábio

1

A felicidade de minha existência, talvez também seu caráter singular, se deve à sua fatalidade: para me expressar de forma enigmática, como meu pai já estou morto e, como minha mãe, vivo ainda e vou envelhecendo. Esta dupla ascendência, radicada no mais alto e no mais baixo estágio da vida constitui ao mesmo tempo *decadência* e *princípio*; e explica, mais do que qualquer outro motivo, essa neutralidade, essa ausência de preocupações perante o problema da vida em seu conjunto, que é talvez aquilo que me caracteriza. Para os indícios de declínio e de ascensão tenho olfato mais fino do que qualquer outro homem já teve; sou, neste ponto, mestre *por excelência* – conheço os dois, sou os dois. – Meu pai morreu aos trinta e seis anos; era delicado, frágil e mórbido, como ser predestinado a existência efêmera – era como que uma suave memória da vida, mais do que vida propriamente. No mesmo ano em que sua vida declinou, a minha declinou também: foi nos meus trinta e seis anos que atingi o menor grau de minha vitalidade – vivia ainda, mas sem ver três passos diante de mim. Então – era o ano de 1879 – abandonei minha cátedra de professor em Basileia, passei o verão como uma sombra em Saint-Moritz e no inverno seguinte, o menos ensolarado de minha vida, passei-o como uma sombra em Naumburg. Foi meu ponto mais baixo: *O Viajante e sua Sombra* nasceu nesse período. Indubitavelmente eu entendia muito bem de sombras nessa época... No inverno seguinte, meu primeiro inverno genovês, aquela doce suavidade e aquela espiritualização, que seguem quase sempre uma extrema carência de sangue e de músculos, produziram *Aurora*. A ompleta claridade e serenidade, e até exuberância de espírito que a referida obra reflete, se harmonizam em mim não só com a mais profunda debilidade fisiológica, mas ainda com um excesso de sofrimentos. No meio do martírio que me causavam ininterruptas dores de cabeça durante três dias, acompanhadas de vômitos violentos, mantinha uma lucidez de dialético por excelência e meditava friamente questões para as quais, em melhores condições de saúde, não teria conseguido ser bastante alpinista nem bastante refinado nem bastante frio. Meus leitores sabem talvez em que medida considero a dialética um sintoma de *decadência*, por exemplo, no caso mais famoso: o caso de Sócrates. Todas as perturbações doentias do intelecto e até aquela espécie de torpor que é decorrência da febre, permaneceram até agora completamente estranhas para mim, sobre cuja natureza e frequência tive de buscar informações na leitura. Meu sangue circula lentamente. Ninguém jamais pôde constatar febre em mim. Um médico que me tratou muito tempo como doente dos nervos, acabou por me dizer: "Não! Nada há em seus nervos; eu somente é que sou neurótico." Simplesmente não há o menor traço de uma degenerescência local qualquer; não há dores de estômago de origem orgânica, embora subsista uma extrema fraqueza do sistema gástrico, consequência do esgotamento geral. A própria doença dos olhos, que por vezes se aproxima perigosamente da cegueira, é só decorrência, não causa: de maneira que minha visão tem melhorado sempre que minha energia vital aumenta. – É uma longa, muito longa série de anos que significa em mim a cura – e que significa ao mesmo tempo também recaída, declínio, periodicidade de uma espécie de *decadência*. Precisaria dizer, depois de tudo isso, que em matéria de decadência sou um homem experiente? Já a examinei em todos os sentidos. Mesmo essa arte de filigrana para perceber e compreender em geral esse tato para as nuances, essa psicologia do "canto dos olhos" e tudo quanto me é peculiar, foi só então que o percebi, e é esse o verdadeiro presente que me deu essa época em que tudo em mim se apurou, a observação bem como todos os órgãos da observação. Colocar-se do ponto de vista do doente em busca de conceitos e de valores mais sadios e, inversamente, do alto da plenitude e da segurança peculiares à vida rica mergulhar o próprio olhar no trabalho secreto do instinto de *decadência* – esse foi meu mais longo exercício, minha verdadeira experiência, e, se cheguei a ser mestre em alguma coisa, foi precisamente nisso. Isso é o que tenho realmente em mãos, tenho aliás as mãos para isso, mudar de perspectiva: primeira razão pela qual só a mim talvez foi reservada a possibilidade de uma "transmutação de valores".

2

À parte o fato de que sou um *decadente*, sou também o contrário disso. Minha prova a respeito é, entre outras coisas, que instintivamente sempre escolhi os remédios adequados para as piores situações: enquanto que o decadente sempre escolhe os remédios mais nocivos a si próprio. Como *summa summarum*(1)[1], eu era saudável; como detalhe, como especialidade, eu era *decadente*. Aquela energia com que procurei o isolamento absoluto e a libertação das circunstâncias usuais, a violência que assumi contra mim mesmo para não me deixar mais cuidar, tratar, medicar – isso revela a segurança instintiva absoluta quanto ao que era então, além de tudo, mais necessário. Tomei-me a mim mesmo em minhas próprias mãos, recobrei a saúde por mim mesmo: a condição para chegar a isso – todo fisiologista deve admiti-lo – é a de *estar fundamentalmente sadio*. Um ser tipicamente mórbido não pode tornar-se saudável, muito menos recobrar ele próprio sua saúde; inversamente, para um ser tipicamente saudável, estar doente pode até mesmo constituir enérgico estimulante da vida, de mais vida. Assim é que vejo agora, de fato, esse longo período de enfermidade: descobri, por assim dizer, novamente a vida, a mim mesmo inclusive, apreciei todas as coisas boas e até as pequenas, como não é fácil que os outros possam apreciá-las – construí minha vontade de saúde, de vida, minha filosofia... De fato, atente-se a isto: os anos de minha mais baixa vitalidade foram aqueles em que *deixei* de ser pessimista:

[1] Expressão latina que significa "no conjunto, em resumo".

o instinto do auto-restabelecimento me proibiu uma filosofia de pobreza e de desânimo... E como é que se reconhece, no fundo, um pleno restabelecimento? Em que um homem bem restabelecido agrada a nossos sentidos: no fato de ter sido talhado em madeira que seja ao mesmo tempo dura, tenra e odorífera. Convém-lhe só o que o favorece; seu prazer, sua vontade cessam a partir do momento em que a medida do proveitoso é ultrapassada. Adivinha os remédios contra os prejuízos, explora a má sorte em seu proveito; aquilo que não o mata, o torna mais forte. Instintivamente recolhe, com tudo aquilo que vê, ouve e vive, o que compõe sua síntese: ele é um princípio seletivo, deixa de lado muitas coisas. Está sempre em sua própria companhia, seja que frequente livros, homens ou paisagens; honra enquanto *escolhe*, enquanto *admite*, enquanto *confia*. Reage lentamente a toda espécie de estímulo, com aquela lentidão para que o prepararam a longa prudência e o orgulho consciente – examina com cuidado o estímulo que se apresenta, mas está longe de ir a seu encontro. Não acredita em "desgraça" nem em "culpa": ele se sente bem consigo mesmo, com os outros, sabe esquecer – é bastante forte para que tudo *deva* necessariamente voltar-se em seu proveito. – Pois bem, eu sou o *contrário* de um *decadente*: pois acabo de me descrever a *mim mesmo*.

3[2]

Considero um grande privilégio ter tido um pai que tive: os camponeses a quem ele pregava – pois, nos últimos anos foi pregador, além de ter vivido alguns anos na corte de Altenburgo – diziam que um anjo devia ter sem dúvida um aspecto similar. – E com isso toco o problema da raça. Eu sou um aristocrata polonês de puro sangue, ao qual nem uma só gota de sangue ruim se misturou, e menos que qualquer uma, de sangue alemão. Quando procuro a antítese mais profunda de mim mesmo, a incalculável vulgaridade dos instintos, encontro sempre minha mãe e minha irmã – crer que sou aparentado com tal gentalha seria uma blasfêmia contra minha divindade. O

[2] Durante sessenta anos, o texto deste item foi censurado pela irmã de Nietzsche e substituído pelo seguinte: "Esta dupla série de experiências, esta abertura a universos aparentemente distintos se repete em minha natureza sob todos os aspectos – sou um homem duplo, tenho o dom de "duplo" aspecto sempre e talvez, por acréscimo, até um terceiro... Já minhas origens me autorizam a lançar um olhar para além de todas as perspectivas delimitadas de uma

tratamento que minha mãe e minha irmã me dão até este momento me inspira um horror indizível: aqui trabalha uma perfeita máquina infernal que conhece com segurança infalível o instante em que é possível ferir-me cruentamente – em meus instantes supremos... pois então falta toda força para defender-se contra vermes venenosos... A contiguidade fisiológica torna possível semelhante desarmonia preestabelecida... Confesso que a objeção mais profunda contra o "eterno retorno", que é meu pensamento autenticamente abissal, são sempre minha mãe e minha irmã. – Mas também como polaco sou um atavismo imenso. Seria necessário retroceder séculos para encontrar nessa raça, a mais nobre que já existiu na terra, com a mesma pureza de instintos com os quais a represento. Diante de tudo aquilo que hoje se chama aristocracia, abrigo um soberano sentimento de distinção – ao jovem Kaiser alemão, eu não lhe condederia a honra de ser meu cocheiro. Existe um só caso em que reconheço meu igual – confesso-o com profunda gratidão. A senhora Cosima Wagner é, de longe, a natureza mais aristocrática; e, para não dizer uma palavra de menos, afirmo que Richard Wagner tem sido, de longe, o homem mais aparentado comigo... O resto é silêncio... Todos os conceitos dominantes

---

maneira puramente local, nacional; não me custa esforço algum ser "bom europeu". Por outro lado, talvez eu seja mais alemão do que os alemães de hoje, simples alemães do império – eu, o último alemão *antipolítico*. Na verdade, meus antepassados eram aristocratas poloneses: tenho por isso muitos instintos de raça atávicos e, quem sabe?, talvez também o *liberum veto* [direito de recusa]. Quando penso quantas vezes em minhas peregrinações me dirigem a palavra em polonês, e até mesmo por poloneses, poderia parecer que sou apenas salpicado de alemão. Mas minha mãe, Francisca Oechler, era em sua origem totalmente alemã; igualmente minha avó paterna, Erdmuthe Krause. Esta passou toda a sua juventude no coração da bela e velha Weimar, não sem relações com o círculo de Goethe. Seu irmão Krause, professor de teologia em Könisberg foi nomeado superintendente geral de Weimar, depois da morte de Herder. Não é impossível que a mãe dele, minha bisavó, figure com o nome "Muthgen" no diário pessoal do jovem Goethe. Ela casou em segundas núpcias com o superintendente Nietzsche em Eilenburg; foi no dia do grande ano de guerra de 1813, quando Napoleão entrou em Eilengurg com seu estado-maior, 10 de outubro, que ela deu à luz um menino. Era, como saxônia, uma grande admiradora de Napoleão; talvez até em mim persista ainda esse sentimento. Meu pai, nascido em 1813, morreu em 1849. Antes de assumir as funções de pastor na paróquia de Röcken, não muito longe de Lützen, viveu alguns anos no castelo de Altenburg onde foi preceptor das quatro princesas. Suas alunas eram a rainha de Hanover, a grã-duquesa Constantina, a grã-duquesa de Oldenburg e a princesa Teresa de Saxe-Altenburg. Era dedicadíssimo ao rei da Prússia, Frederico Guilherme IV, que o nomeou para o cargo de pastor; os acontecimentos de 1848 abateram-no profundamente. Eu mesmo, nascido no dia do aniversário do rei, a 15 de outubro, recebi, como era tradição na casa dos Hohenzollern, o nome de Frederico Guilherme. A escolha desse dia tinha, em todo o caso, uma vantagem: meu aniversário foi, durante toda a minha infância, um dia de festa. – Considero como um grande privilégio ter tido um pai assim: até me parece que desse modo se explicam todos os privilégios de que gozo – *excetuando*-se a vida e o grande "sim" à vida. Antes de tudo, o fato de que não tive necessidade de nenhuma intenção de chegar a isso, mas simplesmente esperar para entrar, sem querer, num universo de coisas elevadas e delicadas: sinto-me muito bem em minha casa, é somente ali que minha paixão mais íntima tem seu livre curso. Se quase tive de pagar por esse privilégio de minha vida, certamente não foi um mau negócio. Para poder compreender um mínimo de meu *Zaratustra*, talvez seja necessário encontrar-se na mesma situação que a minha – com *um pé* para *além* da vida...

a respeito de graus de parentesco são um insuperável contra-senso fisiológico. Ainda hoje o Papa faz negócios com esse contra-senso. Com quem *menos* se está aparentado é com os próprios pais: estar aparentado com eles constitui o sinal extremo de vulgaridade. As naturezas superiores têm sua origem em algo infinitamente anterior e para chegar a elas tem sido necessário ir reunindo, economizando, acumulando durante longuíssimo tempo. Os *grandes* indivíduos são os mais antigos: eu não entendo, mas Júlio César poderia ser meu pai – ou Alexandre, esse Dionísio de carne e osso... No instante em que escrevo isto, o correio me traz uma cabeça de Dionísio...

4

Nunca tive a arte de prevenir alguém contra mim – isso também devo a meu incomparável pai – mesmo quando isso me parecesse de grande importância. Nunca tive prevenções contra mim, mesmo que isso possa parecer tão pouco cristão. Pode-se volver e revolver minha vida, que nela raramente se descobrirá, a não ser um só caso no fundo, qualquer sinal de má vontade dos outros contra mim – em contrapartida, talvez sinais um pouco demasiados de *boa vontade*... Minhas experiências, mesmo com aqueles com quem se tem más experiências, depõem sem exceção em favor deles; sei domesticar todos os ursos e chego a transmitir sensatez aos próprios palhaços. Durante os sete anos em que ensinei grego na classe superior do Instituto de Basileia, nunca precisei infligir uma só punição; comigo, até os mais preguiçosos trabalham. Estou sempre à altura das circunstâncias; para ser mestre de mim mesmo, é preciso que eu seja colhido de improviso. O instrumento, qualquer que seja, quando estiver desafinado como só pode sê-lo o instrumento "homem" – é preciso que eu esteja doente para não conseguir tirar dele algum som melodioso. E quantas vezes me aconteceu ouvir dizer dos próprios instrumentos que nunca se tinham ouvido como tais... A mais bela forma de dizê-lo remonta sem dúvida a Heinrich von Stein, esse homem morto imperdoavelmente jovem, o qual uma vez, após ter pedido com circunspecção permissão, veio passar três dias em Sils-Maria, falando a todo mundo que não vinha por causa de Engadina. Esse homem apreciável que, com toda a impetuosidade de um fidalgo prussiano, se havia aventurado nos pântanos wagnerianos (– e sobretudo também naqueles de Duhring), foi durante esses três dias como que transformado por um furacão de liberdade, semelhante a alguém que se sente subitamente levantado à sua própria altura e a alguém que sente despontarem asas. Eu lhe repetia sem cessar que era o efeito dos bons ares das alturas, que assim acontecia com todos e que não era por nada que se estava a 6.000 pés acima de Bayreuth – mas ele não queria acreditar em mim... Quando, apesar de tudo, cometeu em relação a mim algumas pequenas ou grandes faltas, a razão disso não estava na "vontade", ainda menos na "má vontade": teria antes razões para me queixar – já o assinalei – da boa vontade que me pregou na vida travessuras não desprezíveis. Minhas experiências me dão o direito de desconfiar em geral dos pretensos instintos "desinteressados", de todo esse "amor ao próximo" sempre disposto a dispensar conselhos e ações. Tomo esse amor como uma fraqueza, como um caso particular da incapacidade de resistir a impulsos – a *piedade* só é chamada virtude entre os *decadentes*. Recrimino nos misericordiosos o fato de perderem facilmente o pudor, o respeito, a delicadeza que se resguarda das distâncias, como a compaixão num abrir e fechar de olhos parece cheirar a plebe e parece equivocar-se com os maus modos – de tal modo que as mãos compassivas em certas circunstâncias podem agir de uma forma propriamente destrutiva quando interferem num grande destino, uma solidão devida às mágoas, ao *privilégio* que uma falta marcante confere. Dominar a piedade constitui para mim nobre virtude: sob o título de *Tentação de Zaratustra*, imaginei o caso em que acontece um grande grito de angústi, no qual a piedade quer atacá-lo de surpresa como um derradeiro pecado, quer desviá-lo de *si mesmo*. Nessa ocorrência, dominar-se, preservar a altura de sua tarefa, livre de impulsos muito mais baixos e mais míopes que atuam nas ações pretensamente desinteressadas, é a prova, a prova decisiva talvez que um Zaratustra deve passar – a verdadeira *demonstração* de força.

5

Há ainda outro ponto em que sou apenas a réplica de meu pai e, de certo modo, sua perpetuação, após sua morte prematura. Como todos que não viveram entre iguais e a quem é tão desconhecida a ideia de "represália" e também pouco acessível como a ideia de "igualdade de direitos", abstenho-me, nos casos em que são cometidas contra mim uma pequena ou uma *enorme* besteira, de toda medida de revide, de toda medida de proteção – e, como convém, de toda "justificação". Meu tipo de represália consiste em punir tão rápido quanto possível a asneira pela inteligência: é assim talvez que se consegue vencer. Para me exprimir por imagem: envio uma caixa de bombons para me livrar de uma história que se torna *azeda*... Que me façam uma única maldade, "dou o troco", podem estar certos disso: encontro sem demora uma oportunidade para exprimir meus agradecimentos ao "malfeitor" (e às vezes até mesmo à malfeitoria) – ou então de lhe pedir alguma coisa, o que em certos casos obriga mais que dar... Parece-me também que as palavras mais impertinentes, a carta mais inconveniente são ainda mais benignas, mas decentes que o silêncio. Aqueles que nada dizem quase sempre faltam de fineza e de polidez de coração; nada dizer é objetar, engolir deteriora necessariamente o caráter – estraga até mesmo o estômago. Todos aqueles que nada dizem são dispépticos. – Como se vê, gostaria que não subestimasse a grosseria, pois ela é de longe a forma *mais humana* da contradição e, na época da pusilanimidade moderna, uma de nossas primeiras virtudes. – Quando se é bastante rico para isso, é até mesmo uma felicidade não ter razão. Um deus que baixasse à terra não poderia *fazer* qualquer outra coisa que fosse não ter razão – o que seria verdadeiramente humano seria o de tomar sobre si, não o castigo, mas a "falta".

6

A ausência de *ressentimento*, a lucidez sobre a natureza do *ressentimento* – quem sabe até que ponto finalmente sou devedor à minha longa doença! O problema não é realmente simples: é preciso tê-lo vivido a partir da força e também a partir da fraqueza. Se há no mundo alguma coisa a fazer valer contra o estado de doença, contra o estado de fraqueza, é que nele o instinto de verdadeira cura, isto é, o *instinto defensivo e ofensivo*, se enfraquece no homem. Não chegamos a desembaraçar-nos de nada, não chegamos ao fim de nada, não chegamos a nos rejeitar – tudo fere, seres e coisas se tornam importunos ao se aproximarem, as experiências deixam marcas profundas, a recordação é uma chaga que supura. Estar doente nada mais é que uma espécie de ressentimento. Contra isso, o doente tem apenas um grande remédio – que eu chamo de *fatalismo russo*, esse fatalismo sem revolta que faz com que um soldado russo, que acha a campanha muito rude, acaba por deitar-se na neve. Não tomar mais remédios, não cuidar mais de si, não engolir mais nada sob hipótese alguma, não reagir mais em caso algum... A grande razão desse fatalismo, que nem sempre se reduz à coragem de morrer, embora conserve a vida nas circunstâncias mais perigosas para a vida, é o abaixamento do metabolismo, seu retardamento, uma espécie de vontade de hibernação. Seguindo um pouco mais longe essa lógica, ter-se-á o faquir que dorme semanas num esquife... Visto que o homem se desgastaria rapidamente se reagisse, não reage mais de modo algum; esta é a lógica. E com nada se consome ele mais que com os afetos do ressentimento. A irritação, a suscetibilidade doentia, a impotência em vingar-se, o desejo, a sede de vingança, o envenenamento em todos os sentidos da palavra – para os esgotados é seguramente a forma mais nociva de reagir; resultado: um desgaste acelerado da energia nervosa, um aumento mórbido das secreções nocivas, por exemplo, da bílis no estômago. O *ressentimento* é, para o doente, a coisa prescrita em si – sua doença pessoal: igualmente, ai! – sua inclinação mais natural. Foi o que captou esse profundo fisiologista, Buda. Sua "religião", que mais propriamente deveria ser chamada *higiene*, para não confundi-la com coisas tão lamentáveis como o cristianismo, fazia depender sua eficácia da vitória sobre o *ressentimento*: libertar a alma dele – primeiro passo para a cura. "Não é pela inimizade que se termina com a inimizade, é pela amizade que se consegue terminar com a inimizade": é assim que começa a doutrina de Buda – é o discurso, não da moral, mas da fisiologia. – O ressentimento, nascido da fraqueza, não prejudica a ninguém mais que ao fraco – no outro caso, na hipótese de uma natureza rica, é um sentimento de superabundância, um sentimento cujo domínio é quase a prova da riqueza. Quem conhece a seriedade de minha filosofia na luta contra os sentimentos de vingança e de rancor até na doutrina do "livre arbítrio" – a luta contra o cristianismo nada mais é que um caso particular – compreenderá por que motivo coloco aqui em evidência meu comportamento pessoal, minha *segurança de instinto* na prática. Nos momentos de *decadência* preservava-me desses sentimentos como sendo nocivos; desde que a vida voltava a ser bastante rica e altiva por isso, eu me preservava deles como se estivessem *abaixo de* mim. Esse "fatalismo russo" de que falei se manifestava pelo fato de que, em anos sucessivos, me atinha obstinadamente a situações, lugares, domicílios, companhias quase insuportáveis, uma vez que por acaso me foram dadas – isso era melhor que modificá-las, que experimentá-las como modificáveis – que se revoltar contra elas... Quando queriam me desviar desse fatalismo, me acordar à força, ficava mortalmente incomodado: na verdade, toda vez isso era também mortalmente perigoso. Considerar-se a si próprio como uma fatalidade, não se querer "de outra forma", em tais situações está a grande razão de ser.

7

Outra coisa é a guerra. Sou belicoso por natureza. Atacar faz parte de meus instintos. Ser capaz de ser inimigo, ser o inimigo – isso implica talvez uma natureza forte, mas em todo caso é inerente a toda natureza forte. Esta tem necessidade de resistências, por conseguinte, procura resistências: o pendor agressivo é tão inerente à força como o sentimento de vingança e de rancor o é da fraqueza. A mulher, por exemplo, é vingativa: é inerente à sua fraqueza, tanto como sua sensibilidade perante o sofrimento alheio. – A força do agressor *se mede*, por assim dizer, pelos adversários de que necessita; todo progresso se revela na busca de um adversário – ou de um problema – mais poderoso: de fato, o filósofo belicoso desafia também os problemas em duelo. A tarefa não é em absoluto a de se tornar mestre das resistências de todas as espécies, mas daquelas contra as quais se deve empenhar toda a sua força, sua destreza e sua maestria das armas – contra adversários *iguais*... Igualdade diante do inimigo – primeira condição de um duelo *leal*. Quando se despreza, é impossível guerrear; quando se está acima, quando se vê as coisas *do alto*, não se deve mover guerra. – Minha prática de guerra se resume em quatro princípios. Primeiro: só ataco causas vitoriosas – em certas condições espero até que o estejam. Segundo: só ataco coisas contra as quais não posso encontrar nenhum aliado, onde avanço sozinho – onde só me comprometo a mim mesmo... Nunca dei publicamente um passo que não fosse comprometedor: tal é o critério, que me é peculiar, de agir como se deve. Terceiro: não ataco nunca as pessoas – eu me sirvo da pessoa apenas como uma grande lente de aumento, por meio da qual se chega a tornar visível uma situação desesperadora, mas oculta e difícil de perceber. Foi assim que ataquei David Strauss ou, mais exatamente, o sucesso que alcançava um livro velho junto dos alemães "eruditos" – surpreendi essa cultura em flagrante delito... Foi assim também que ataquei Wagner ou, mais precisamente, a falsidade, o instinto híbrido de nossa "cultura", que confunde os refinados com os ricos, os últimos da raça com os grandes. Quarto: só ataco as coisas nas quais toda acepção de pessoas está excluída, nas quais falta todo um plano de experiências estranhas. Pelo contrário, atacar é para mim um sinal de benevolência e, de acordo com a situação, de gratidão. Presto homenagem, distingo até, associando meu nome a uma coisa, a uma pessoa: pró ou contra – para mim é o mesmo, de acordo com a circunstância. Se movo guerra ao cristianismo, tenho o direito de fazê-lo, pois não sofri de sua parte nenhum agravo e nenhum incômodo – os cristãos mais sérios sempre têm sido benévolos para comigo. Eu mesmo, adversário *a rigor* do cristianismo, estou longe de guardar rancor a indivíduos por aquilo que constitui a fatalidade dos milênios.

8

Posso tomar a liberdade de indicar um último outro traço de minha natureza que me causa tantas dificuldades em minhas relações com os homens? Eu me caracterizo por uma sensibilidade perfeitamente inquietante do instinto de limpeza, a tal ponto que percebo fisiologicamente – eu cheiro – a proximidade ou – como dizer? – o recôndito, as "entranhas" de qualquer alma... Essa sensibilidade me dá antenas psicológicas graças às quais tateio e capto todos os segredos: a abundante imundície *escondida* no fundo de muitas naturezas que provém eventualmente do sangue corrompido, mas que a educação promete branquear, percebo-a praticamente desde o primeiro instante. Se observei com justeza, essas naturezas insuportáveis a meu sentido de limpeza têm de seu lado a circunspecção que o desgosto suscita em mim: mas não é isso, contudo, que lhes confere melhor odor... Assim como sempre costumei – uma clareza absoluta a meu respeito é minha necessidade vital, sucumbo quando as situações são imundas – nado, tomo banho e me enxáguo por assim dizer constantemente em água límpida, num elemento completamente transparente e brilhante. É isso que faz de minha convivência com os humanos uma prova de paciência considerável; minha humanidade não consiste *em absoluto* em compartilhar com os sentimentos do homem, mas em *suportar* minha simpatia por ele... Minha humanidade é uma constante superação de si. – Mas tenho necessidade de *solidão*, isto é, de convalescência, de regresso a mim, do sopro de uma brisa leve que passa livremente... Todo o meu *Zaratustra* é um ditirambo à solidão ou, se fui bem compreendido, à *pureza*... Felizmente não à *pura loucura* – quem tiver olhos para ver as cores, chamar-lhe-á pureza de diamante. O *asco* do homem, da "turba" sempre representou meu maior perigo... Querem escutar as palavras que Zaratustra proferiu sobre a libertação da náusea?

"*Que aconteceu comigo? Como me libertei do asco? Quem rejuvenesceu meu olhar? Como voei até essas altitudes onde a gentalha não vem sentar-se junto ao poço?*

Foi minha náusea que me deu asas e forças para pressentir os mananciais? Na verdade, tive de voar para as extremas alturas a fim de encontrar a fonte do prazer!

Oh meus irmãos, eu a encontrei! Aqui, na suprema altura, jorra para mim a fonte do prazer! E há uma vida na qual se bebe longe da turba!

Tu jorras com quase demasiada impetuosidade, fonte do prazer! E muitas vezes esvazias a taça querendo enchê-la!

Tenho de aprender a aproximar-me de ti com mais moderação: meu coração pulsa com demasiada impetuosidade por ti: – meu coração, no qual se consome meu verão, meu breve verão, ardente, melancólico e cumulado de felicidade: como meu coração de verão aspira por teu frescor!

Terminou o amargor hesitante de minha primavera! Terminaram os flocos de neve de minha maldade em junho! Em me tornei plenamente verão e meio-dia de verão – verão de altitude extrema nas fontes frias e no silêncio benfazejo: oh, meus amigos, venham, para que este silêncio se torne ainda mais benfazejo!

De fato, é nossa altitude e nossa pátria: nossa morada é demasiado alta e abrupta para os imundos e sua sede.

Lancem somente seus olhares puros sobre a fonte de meu prazer, meus amigos! Como se haveria de tornar turva? Ela haverá de rir por sua vez por causa de sua pureza peculiar.

Sobre a árvore do porvir construímos nosso ninho; as águias nos trarão a nós, solitários, o alimento em seu bico!

Na verdade, nenhum alimento de que possam compartilhar os vilões! Pois se imaginariam estar comendo fogo e queimariam a garganta.

Na verdade, não temos aqui morada pronta para os vilões! Para seus corpos e seus espíritos nossa felicidade seria como uma caverna de gelo!

E como ventos impetuosos queremos viver acima deles, próximos das águias, próximos da neve, próximos do sol: assim vivem os grandes ventos.

E como um vento quero soprar entre eles e com meu espírito cortarei o sopro a seu espírito: assim o quer meu futuro.

Na verdade, Zaratustra é como um vento impetuoso para todas as baixezas: e aqui está o conselho que dá a seus inimigos e a todo aquele que cospe e vomita: guardem-se de cuspir contra *o vento!*”

Por que sou tão inteligente

1

Por que eu sei um *pouco mais*? Por que em suma sou tão inteligente? Nunca refleti sobre questões que não o sejam verdadeiramente – não me desgastei. – Por exemplo, não conheço por experiência própria dificuldades genuinamente *religiosas*. Sempre me escapou totalmente até que ponto eu deveria ser "pecador". De igual modo, me falta um critério seguro sobre o que é um remorso: pelo que *se ouve dizer* a respeito, o remorso não me parece nada estimável... Não gostaria de lado uma ação depois de tê-la iniciado, prefiro eliminar por princípio de sua avaliação o êxito negativo, suas *consequências*. Quando as coisas saem mal, perde-se facilmente a *visão correta* do que se fez: o remorso me parece ser uma espécie de "mau olhar". Respeitar tanto mais em nós alguma coisa que falhou *porque* falhou – isso sim forma parte de minha moral. – "Deus", "imortalidade da alma", "salvação", "além" são outros tantos conceitos aos quais não dediquei nenhuma atenção, tampouco nenhum tempo, nem sequer quando era criança – talvez eu não fosse já bastante infantil para isso? – Não conheço o ateísmo em absoluto como resultado, ainda menos como um acontecimento marcante: em mim se compreende instintivamente. Sou demasiado curioso, demasiado *problemático*, demasiado orgulhoso para me contentar com uma resposta grosseira. Deus é uma resposta grosseira, uma indelicadeza contra nós, pensadores – no fundo, nada mais é que uma *proibição* grosseira contra nós: Não devem pensar!... Coisa totalmente diversa é uma questão que me interessa da qual, muito mais que qualquer curiosidade de teólogos, depende a "salvação da humanidade": o problema da *alimentação*. Em termos correntes, pode ser formulada da seguinte maneira: "Como hás de alimentar-te precisamente tu, para chegar a teu máximo de força, de vigor, no estilo do Renascimento, de virtude isenta de todo elemento moral?" – Minhas experiências nesse ponto são tão ruins quanto possível; estou surpreso por ter percebido tão tarde essa questão, de ter tão tarde aprendido a "razão" dessas experiências. Só a perfeita indignidade de nossa cultura alemã – seu "idealismo" – me explica de certo modo por que, justamente neste ponto, estava tão atrasado que beirava a santidade. Essa "cultura", que ensina desde o início a perder de vista as *realidades* para ir à caça de objetivos inteiramente problemáticos, chamados "ideais", por exemplo, a "cultura clássica": – como se não fosse de antemão condenado unir "clássico" e "alemão" num só conceito! Diria até mesmo que isso leva ao riso – só ao pensar o que seria um cidadão de Leipzig com uma "cultura clássica"! – De fato, até chegar a minha plena maturidade, sempre comi mal – para dizê-lo em termos morais, de uma forma "impessoal", "desinteressada", "altruísta", para glória dos cozinheiros e de outros irmãos em Cristo. Por meio da cozinha de Leipzig, por exemplo, na mesma época em que me empenhava em meu primeiro estudo sobre Schopenhauer (1865), me aplicava seriamente à negação de meu "querer viver". Com a finalidade de alimentar-se ao mesmo tempo de modo insuficiente, estragar ainda o estômago – esse problema me parecia resolver com de modo maravilhoso com a mencionada cozinha. (Conta-se que o ano de 1866 trouxe uma mudança nesse ponto). Mas a cozinha alemã em geral – quantas coisas não tem sobre sua consciência! A sopa *antes* da refeição (ainda em livros venezianos do século XVI é denominada *à moda alemã*); as carnes muito cozidas, as verduras espessas e farinosas; a degenerescência dos doces, até fazer deles pesa-papéis! Se a isso se acrescentar ainda a imperiosa necessidade, verdadeiramente bestial, dos velhos alemães, e não só dos *velhos*, compreender-se-á melhor ainda a origem do *espírito alemão* – provém de desarranjos intestinais... O espírito alemão é uma indigestão, não chega a absolutamente nada. – Mas também a dieta *inglesa* que, em comparação com a alemã, e mesmo com a francesa, é uma espécie de "regressão à natureza", ou seja, ao canibalismo, repugna profundamente meus instintos; parece que confere ao espírito *pés pesados* – pés de mulheres inglesas... A melhor cozinha é a do *Piemonte*. – As bebidas alcoólicas me são prejudiciais; um copo de vinho ou de cerveja por dia basta para tornar minha vida um "vale de lágrimas" – em Munique é que vivem meus antípodas. Posto que tenha compreendido isso um pouco tarde, vivê-lo realmente o vivi desde a infância. Pensava, quando rapaz, que beber vinho, como fumar, não passava no fundo de uma *vaidade* dos jovens e, mais tarde, um mau hábito. Talvez o vinho de Naumburg tenha também culpa por esse *azedo* juízo. Para admitir que o vinho traz alegria, deveria ser cristão, isto é, acreditar no que para mim é precisamente um absurdo. Coisa estranha, enquanto as pequenas doses de álcool, muito diluídas, me causam essa extrema indisposição, torno-me quase um marinheiro quando se trata de doses *fortes*. Já quando rapaz fazia disso minha valentia. Redigir e ainda recopiar uma longa dissertação latina numa só vigília noturna, pondo na ponta da pena a ambição de imitar meu modelo Salústio[3] em rigor e concisão, e derramar sobre meu latim alguns *grogs*[4] de grosso calibre, isso era algo que, quando era aluno da venerável escola de Pforta[5], não entrava absolutamente em contradição com minha fisiologia, nem talvez com aquela de Salústio – embora sim, obviamente, com a venerável escola de Pforta... Mais tarde, por volta da metade de minha vida, me decidi firmemente, cada vez com maior rigor, libertar-me de toda espécie de bebida "espirituosa": quanto a mim, adversário por experiência do vegetarianismo, como foi Richard Wagner, que me converteu, nunca poderia aconselhar com bastante seriedade a abstenção total do álcool a todas as naturezas de *espiritualidade superior*. A *água* basta... Tenho especial preferência pelos lugares onde se oferece a possibilidade de tirar água diretamente das fontes (Nice, Turim, Sils); um pequeno copo me segue por toda parte como um cachorro. *In vino veritas*[6]: parece que também neste ponto estou em desacordo com o mundo inteiro quanto ao conceito de "verdade": – em mim, o espírito paira sobre as águas... Ainda algumas indicações extraídas de minha moral. Um alimento forte se digere com mais facilidade que um alimento demasiado leve. A primeira condição para uma boa digestão é que o estômago entre totalmente em atividade. É preciso conhecer a capacidade do próprio estômago. Por esta razão devem ser desaconselhadas aquelas comidas intermináveis, que denomino banquetes sacrificiais ininterruptos e que são oferecidas na *table d'hôte*[7]. – Nada de refeições intermediárias, nada de *café*: o café ofusca. O *chá* só é salutar pela manhã. Em pequena quantidade, mas forte; o chá é muito prejudicial

[3] Caius Sallustius Crispus (86-35 a.C.), historiador latino (NT).
[4] *Grog*: bebida quente composta de água, açúcar e rum ou outro licor (NT).
[5] Escola da aristocracia e da alta burguesia na qual Nietzsche estudou de 1859 a 1864 (NT).
[6] Expressão latina que significa "no vinho está a verdade" (NT).
[7] Expressão francesa que indica a mesa comum das pensões (NT).

e indispõe o dia inteiro quando é muito fraco, mesmo que o seja de um só grau. Cada um tem nessas coisas sua medida, que muitas vezes oscila entre limites estreitos e delicados. Num clima muito excitante, o chá não é recomendável como primeira bebida do dia: deve-se começar uma hora antes com uma taça de chocolate espesso e desengordurado. – *Ficar sentado* o menos possível; não dar crédito a nenhum pensamento que não tenha surgido ao ar livre e quando se faz livremente exercícios físicos – quando os músculos não participam igualmente dessa festa. Todos os preconceitos procedem dos intestinos. – O sedentarismo – já o disse uma vez – é o verdadeiro *pecado* contra o Espírito Santo.

2

Com o problema da alimentação se encontra estreitamente ligado o problema do *lugar* e do *clima*. Ninguém tem a liberdade de viver onde bem lhe aprouver; aquele que desempenha grandes tarefas que exigem toda a sua energia tem inclusive uma escolha muito restrita. A influência do clima sobre o *metabolismo*, sobre sua inibição ou sua aceleração, chega tão longe que um desacerto na escolha do lugar e do clima não só pode afastar alguém de sua tarefa, mas chegar também a subtraí-la dele totalmente. Nunca o *vigor* animal será nele suficientemente grande, para atingir aquela exuberante liberdade que penetra até os extremos limites do espírito, a ponto de poder confessar: isso, só eu mesmo posso fazê-lo... Uma certa inércia, por menor que seja, dos intestinos, convertidua num mau hábito, basta para fazer de um gênio algo medíocre, algo "alemão"; o clima alemão basta, por si só, para debilitar vísceras robustas e inclusive predispostas ao heroísmo. O ritmo do metabolismo está em estrita relação com a agilidade ou o peso dos *pés* do espírito; o próprio "espírito" nada mais é que uma forma desse metabolismo. Que sejam examinados todos os lugares onde há e houve homens de espírito, onde a felicidade implicava espírito, sutileza, maldade, onde o gênio se sentia necessariamente em sua casa: todos eles se distinguem por um ar notavelmente seco. Paris, a Provença, Florença, Jerusalém, Atenas – esses nomes mostram uma coisa: o gênio tem por *condição* o ar seco, o céu puro – ou seja, um metabolismo rápido, a possibilidade de renovar sempre grandes quantidades de energia. Tenho diante dos olhos um caso de um espírito notável e livremente disposto que a falta de sutileza de instinto com relação ao clima o tornou estreito, raquítico, especialista e amargo. E eu mesmo poderia finalmente ter acabado no mesmo caso, se a doença não me tivesse forçado a raciocinar, a refletir sobre a razão que subsiste na realidade. Agora que, em decorrência de um longo exercício, descubro os efeitos de origem climática e meteorológica sobre mim como se fosse num instrumento muito fino e delicado, e que uma breve viagem, por exemplo de Turim a Milão, me basta para medir fisiologicamente as diferenças de grau de umidade atmosférica, penso com terror no fato *inquietante* de que minha vida, exceto em seus últimos dez anos, anos de alto risco vital, não transcorreu senão em lugares inapropriados e simplesmente *proibidos* para mim: Naumburg, escola de Pforta, a Turíngia em geral, Leipzig, Basileia – outros tantos lugares nefastos para minha fisiologia. Se não guardo de toda minha infância e de toda a minha juventude nenhuma recordação agradável, seria uma estupidez acrescentar aqui as chamadas razões "morais" – por exemplo, a falta indiscutível de companhia *adequada*: porque esta falta persiste hoje como ontem, sem me impedir de ficar de bom humor e ser corajoso. Mas é a ignorância *in physiologicis*[8] – o maldito "idealismo" – que constitui a verdadeira calamidade de minha vida, o que ela tem de supérfluo e estúpido, coisa da qual nada de bom surgiu e para a qual não há nenhuma compensação nem qualquer contrapartida. É pelas consequências desse idealismo que me explico todos os desacertos, todas as grandes aberrações do instinto, todas as "modéstias" que me afastaram da *tarefa* de minha vida, por exemplo, o fato de ter-me tornado filólogo - por que pelo menos médico ou qualquer outra profissão que abra olhos? Em minha época de Basileia, toda a minha dieta intelectual, incluído o emprego de meu tempo, constituía um mau uso, perfeitamente absurdo, de energias extraordinárias, sem mesmo um aporte de enegria para cobrir de alguma maneira o dispêndio sem a menor consideração de seu consumo ou de sua reconstituição. Eu estava desprovido de todo egoísmo algo sutil, de toda proteção por um instinto imperioso, era uma assimilação de si a qualquer um, um "desinteresse", um esquecimento de suas distâncias – algo de que não me perdoarei jamais. Quando me encontrava quase no fim, e *porque* estava quase no fim, comecei a refletir sobre essa sem-razão fundamental de minha vida – o "idealismo". Foi a doença que me reconduziu à razão.

[8] Expressão latina que significa "em questões fisiológicas" (NT).

3

A escolha da alimentação; a escolha do clima e do lugar; – o terceiro ponto sobre o qual não se tem o direito de cometer qualquer erro é a escolha da forma apropriada de *divertimento*... Aqui também os limites do que é permitido, isto é, do *útil*, são estritos e tanto mais estritos quanto mais um espírito é *sui generis*[9]. Em meu caso, toda *leitura* faz parte de meus divertimentos: consequentemente, daquilo que me separa de mim mesmo, daquilo que me permite passear pelas ciências e pelas almas alheias – daquilo que já não levo a sério. A leitura me diverte precisamente de minha seriedade. Em épocas de trabalho intenso, não se veem livros perto de mim: tomaria todo o cuidado para não deixar alguém falar ou até mesmo pensar perto de mim. E a isso chamaria, com efeito, ler... Já se observou realmente que na profunda tensão à qual a gestação intelectual condena o espírito e, no fundo, o organismo por inteiro, qualquer gênero de estímulo provindo do exterior atua com excessiva veemência, "golpeia" com demasiada profundidade? Deve-se evitar o mais possível o acaso, o estímulo externo; fechar-se entre muros de alguma forma faz parte da elementar sabedoria instintiva, da gestação intelectual. Como haveria eu de permitir que um pensamento *estranho* escalasse secretamente esses muros? – Ler não seria outra coisa... Aos períodos de trabalho e de fecundidade segue-se aquele do divertimento: venham a mim, livros agradáveis, engenhosos, inteligentes! – Serão livros alemães?... Tenho de retroceder meio ano para me surpreender com um livro nas mãos. Qual era? – Um notável estudo de Victor Brochard, *Os Céticos Gregos*[10] que, entre outras coisas, utiliza de modo inteligente minhas *Laertiana*[11]. Os céticos são o único tipo digno de estima no meio dessa raça dos filósofos, raça de duplo sentido e até mesmo de quíntuplo sentido!... Para o mais, refugio-me quase sempre no meio dos mesmos livros, no fundo um número restrito, livros que *demonstraram* terem sido feitos precisamente para mim. Não faz parte talvez de meu tipo ler muitas coisas e de toda espécie: uma sala de leitura me deixa doente. Tampouco faz parte de meu gênero amar muitas coisas e de toda espécie. A prudência, e até mesmo a hostilidade contra os livros novos, faz parte antes de meu instinto que a tolerância, a "largueza de coração" e qualquer outro "amor

[9] Expressão latina que significa "peculiar" (NT).

[10] *Les Sceptiques grecs*, obra publicada em Paris, em 1887 (NT).

[11] *Laertiana* é o título latino que Nietzsche confere a seus diversos estudos sobre as fontes de Diógenes Laércio (séc. III d.C.), compilador de teorias, doutrinas e sentenças de filósofos ilustres (NT).

ao próximo"... No fundo, é a um pequeno número de velhos franceses que regresso sempre: creio só na cultura francesa e tenho por equívoco tudo quanto na Europa se chama "cultura", para não falar nada da "cultura alemã"... Os raros casos de cultura superior que encontrei na Alemanha eram todos de origem francesa, notadamente a senhora Cosima Wagner, de longe a voz mais elevada em matéria de gosto que jamais ouvi. Se não leio somente, mas *amo* Pascal[12], vendo nele a vítima mais instrutiva do cristianismo, que o assassinou gradualmente, primeiro fisicamente e logo psicologicamente, tudo isso consequência lógica dessa espantosa horrível forma de crueldade desumana; se meu espírito e, quem sabe?, também meu corpo, possui alguma coisa da audácia de Montaigne[13]; se meu gosto de artista toma sob sua proteção os nomes de Molière, Corneille e Racine[14], não sem cólera contra um gênio bárbaro como Shakespeare[15]: isso não impede de forma alguma que os franceses mais recentes sejam também eles uma companhia *encantadora* para mim. Não vejo em absoluto em que século da história se poderia possível pescar de uma só vez tantos psicólogos tão curiosos quanto delicados, como na Paris de hoje: cito como exemplos – porque o número deles está longe de ser insignificante – Paul Bourget, Pierre Loti, Gyp, Meilhac, Anatole France, Jules Lemaitre[16] ou, para destacar um da raça forte, autêntico latino, ao qual sou particularmente afeiçoado, Guy de Maupassant[17]. Prefiro essa geração, dito entre nós, à de seus grandes mestres que foram corrompidos pela filosofia alemã: Taine[18], por exemplo, por Hegel[19], ao qual deve sua grave incompreensão dos grandes homens e das grandes épocas. Para onde a Alemanha estende seus domínios, *corrompe* a cultura. Só a guerra conseguiu "salvar" o espírito na França... Stendhal[20], um dos acasos mais belos de minha vida – pois tudo o que nela fez época foi o acaso que o trouxe para mim, nunca uma recomendação – é totalmente

[12] Blaise Pascal (1623-1662), matemático, físico e filósofo francês (NT).

[13] Michel Eyquem de Montaigne (1533-1592), escritor e pensador francês (NT).

[14] Jean-Baptiste Poquelin, dito Molière (1622-1673), dramaturgo francês; Pierre Corneille (1606-1684), poeta francês; Jean-Baptiste Racine (1639-1699), poeta tráfico francês (NT).

[15] William Shakespeare (1564-1616), dramaturgo e poeta inglês (NT).

[16] Paul Bourget (1852-1935), escritor francês, autor de romances psicológicos; Julien Viaud, dito Pierre Loti (1850-1923), escritor francês; Gyp é o pseudônimo de Gabrielle Martel de Janville (1850-1932), escritora francesa; Henri Meilhac (1831-1897), dramaturgo francês; Anatole François Thibaut, dito Anatole France (1840-1924), escritor francês; Jules Lemaitre (1853-1914), cronista francês (NT).

[17] Henri René Albert de Maupassant, dito Guy de Maupassant (1850-1893), romancista francês que privilegiava em seus escritos os aspectos psicológicos dos personagens (NT).

[18] Hippolyte Adolphe Taine (1828-1893), filósofo e historiador francês (NT).

[19] Georg Wilhelm Friedrich Hegel (1770-1831), filósofo alemão (NT).

[20] Henri Beyle, dito Stendhal (1783-1842), escritor francês (NT).

inapreciável com seu olhar de psicólogo precursor, com sua garra para os fatos, que evoca a proximidade do maior dos realistas (*ex ungue Napoleonem*[21]); finalmente, não é menos digno de apreço, como *honesto* ateu, uma *espécie* rara e quase inencontrável na França – seja dito isto em honra de Prosper Mérimée[22]... Talvez esteja eu mesmo com ciúmes de Stendhal? Ele me tirou a melhor piada de ateu que eu precisamente poderia ter inventado: "A única desculpa de Deus é que ele não existe"... Eu mesmo disse em algum lugar: Qual foi até agora a maior objeção contra a existência? *Deus*...

4

O mais elevado conceito do poeta lírico devo-ao a Heinrich Heine[23]. Em vão procuro em todos os reinos dos milênios uma música tão suave e tão apaixonada. Ele possuía essa divina maldade sem a qual não consigo imaginar a perfeição – eu meço o valor dos homens, das raças, pelo grau de necessidade que os obriga a não conceber o deus separado do sátiro. – E como maneja o alemão! Um dia se dirá que Heine e eu fomos de longe os melhores virtuoses da língua alemã – a uma distância incalculável de tudo o que simples alemães fizeram com ela. Devo ter um profundo parentesco com o *Manfredo* de Byron[24]: encontrei em mim todos os seus abismos – e já aos treze anos me sentia maduro para essa obra. Não tenho palavras, apenas um olhar para aqueles que ousam proferir a palavra *Fausto* em presença do *Manfredo*. Os alemães são *incapazes* de todo conceito de grandeza: Schumann[25] é prova disso. Tomado de cólera contra esse saxão sem gracça, compus uma "contra-abertura" de *Manfredo* da qual Hans von Bulow[26] disse que jamais havia visto coisa igual em papel de música: que era um estupro contra Euterpe[27]. – Quando procuro minha fórmula suprema para definir Shakespeare, não encontro outra melhor que esta, ou seja, a de ter concebido o tipo de César. Isso não se adivinha – se é ou não se é. O grande poeta se nutre *exclusivamente* de sua realidade – até o ponto em que, de

[21] Alteração do dito popular latino *ex ungue leonem* (pelas garras se reconhece o leão) que é aplicado a Napoleão: *ex ungue Napoleonem*, isto é, pelas garras se reconhece Napoleão (NT).

[22] Prosper Mérimée (1803-1870), escritor francês (NT).

[23] Heinrich Heine (1797-1856), escritor e poeta alemão (NT).

[24] George Gordon, dito Lord Byron (1788-1824), poeta inglês; entre suas obras figura *Manfred*, publicada em 1817 (NT).

[25] Robert Schumann (1810-1856), compositor alemão (NT).

[26] Hans von Bulow (1830-1894), compositor alemão (NT).

[27] Na mitologia grega, musa que presidia a música e a quem se atribuía o invento da flauta e de outros instrumentos de sopro (NT).

repente, não suporta mais sua obra... Quando lanço um olhar sobre meu *Zaratustra*, caminho de cá para lá durante meia hora no quarto, incapaz de reprimir uma insuportável crise de soluços. – Não conheço nenhuma leitura que dilacere o coração como Shakespeare: quanto tem que ter sofrido um homem para nesse ponto necessitar ser bufão! – *Compreende-se realmente* Hamlet? Não é a dúvida, é a *certeza* que enlouquece...Para deve-se ser profundo, abismo, filósofo, para sentir desse modo... Nós, todos nós, temos *medo* da verdade... E eu devo confessar: estou instintivamente convencido e seguro de que Lord Bacon[28] é o iniciador, o autotorturador dessa espécie tão inquietante de literatura: que me importa a charlatanice miserável das caóticas e chatas cabeças americanas? Mas a força para o realismo mais poderoso da visão não só é compatível com a mais poderosa força para a ação, para o monstruoso da ação, para o crime – *ela até os pressupõe*... Não conhecemos, nem de longe, suficientes coisas de Lord Bacon, o primeiro realista em todos os sentidos contundentes desta palavra, para saber *tudo* o que fez, *o* que quis, *o* que experimentou dentro de si... Para os diabos, senhores críticos! Supondo que eu tivesse assinado meu *Zaratustra* com um nome de outro, por exemplo, o de Richard Wagner, a perspicácia de dois milênios não bastaria para adivinhar que o autor de *Humano, demasiado humano* é o visionário do *Zaratustra*...

5

Como falo aqui dos divertimentos de minha vida, preciso dizer uma palavra para expressar minha gratidão para com aquilo que, de longe, mais profunda e cordialmente me divertiu. Foi, sem dúvida alguma, o conjunto de minhas relações próximas com Richard Wagner[29]. Dou pouco valor para o resto de minhas relações humanas; por nenhum preço gostaria de apagar de minha vida os dias de Tribschen, dias de confiança, de jovialidade, de sublimes acasos – momentos *profundos*... Não sei das vivências que outros tiveram com Wagner: sobre nosso céu jamais passou nuvem alguma. – E com isso volto de novo à França: não tenho argumentos, tenho só um impulso de desprezo contra os wagnerianos e "*hoc genus omne*"[30] que supõem homenagear Wagner achando-o semelhante *a si mesmos*... Visto que sou estranho, em todos os meus mais profundos instintos, a tudo o que

[28] Francis Bacon (1561-1626), filósofo inglês (NT).
[29] Richard Wagner (1813-1883), compositor alemão (NT).
[30] Expressão latina que significa "e toda essa raça" (NT).

é alemão, a tal ponto que a simples proximidade de um alemão basta para retardar minha disgetsão, o primeiro contato com Wagner não deixou de ser o primeiro instante de minha vida em que respirei: eu o senti, o venerei como uma *terra estrangeira*, como antítese, como protesto personificado contra todas as "virtudes alemãs". Nós que, quando crianças, respiramos o ar dos pântanos dos anos cinquenta, somos necessariamente pessimistas em relação ao conceito de "alemão"; não podemos ser senão revolucionários – nunca admitiremos um estado de coisas em que domine o *santarrão*. Para mim é totalmente indiferente saber se hoje está vestido de outras cores, se está vestido de escarlate e traja um uniforme de hussardo... Pois bem! Wagner era um revolucionário – fugia dos alemães... Como artista, não se tem outra pátria na Europa a não ser Paris; a *delicadeza* dos cinco sentidos que a arte de Wagner supõe, a mão para os matizes, a morbosidade psicológica se encontram unicamente em Paris. Em nenhum outro lugar se possui essa paixão pelas questões de forma, essa seriedade na *mise en scène* – é a seriedade de Paris *por excelência*. Na Alemanha não se tem ideia alguma da imensa ambição que anima a alma de um artista parisiense. O alemão é bonachão – Wagner não tinha nada de bonachão... Mas eu já expliquei de modo suficiente (em *Além do Bem e do Mal*) a que categoria Wagner pertence, onde encontra seus parentes mais próximos: o romantismo francês tardio, essa espécie sublime e arrebatadora de artistas, como Delacroix, Berlioz[31], com um fundo de enfermidade, de natureza incurável, puros fanáticos da expressão, virtuoses de ponta a ponta... Quem foi o primeiro partidário inteligente de Wagner? Charles Baudelaire[32], o primeiro que compreendeu Delacroix, esse decadente típico, em quem se reconheceu toda uma geração de artistas – era talvez também o último... O que nunca perdoei a Wagner? Ter *condescendido* com os alemães – ter-se tornado alemão do Império... Onde a Alemanha chega, *corrompe* a cultura.

6

Ponderando tudo, eu não teria podido suportar minha juventude sem a música de Wagner. De fato, eu estava *condenado* aos alemães. Quando se pretende libertar-se de uma opressão intolerável, necessita-se de *haxixe*. Pois bem: eu tinha necessidade de Wagner. Wagner é *por excelência* o antídoto

[31] Eugène Delacroix (1798-1863), pintor francês; Hector Berlioz (1803-1869), compositor francês (NT).

[32] Charles Pierre Baudelaire (1821-1867), poeta francês (NT).

de tudo o que é alemão – veneno, não o nego... A partir do momento em que houve uma partitura de *Tristão* para piano – meus cumprimentos, senhor Bulow! – fui wagneriano. As obras anteriores de Wagner eu as considerava situadas abaixo de mim – eram ainda muito vulgares, demasiado "alemãs"... Mas ainda hoje estou à procura de uma obra de tão perigoso fascínio, de uma infinitude tão espantosa e tão suave como *Tristão* – eu a procuro em todas as artes, mas em vão. Todas as estranhas criações de Leonardo de Vinci perdem o encanto mal se ouve a primeira nota musical de *Tristão*. Esta obra é incontestavelmente o *nec plus ultra* de Wagner; depois dela, *Os Mestres Cantores* e *O Anel* lhe serviram de descanso. Recobrar a saúde – é um *retrocesso* para uma natureza como a de Wagner... Considero uma sorte ímpar ter vivido no momento oportuno e precisamente entre os alemães para estar *maduro* para essa obra: tão longe chega em mim a curiosidade do psicólogo. O mundo é pobre para quem nunca esteve bastante doente para gozar dessa "volúpia do inferno": é permitido, é quase recomendado utilizar aqui uma fórmula mística. Creio conhecer melhor que ninguém os prodígios de que Wagner é capaz, os cinquenta mundos de estranhos êxtases que só ele e mais ninguém teve asas para voar até eles; e sendo tal como sou, bastante forte para transformar em vantagem para mim tudo quanto há de mais duvidoso e perigoso e com isso me tornar ainda mais forte, considero Wagner o grande benfeitor de minha vida. Aquilo em que somos afins, o ter sofrido mais profundamente, mesmo um pelo outro, como os homens deste século não poderiam suportar, isso unirá nossos nomes eternamente; e assim como é certo que entre os alemães Wagner não passa de um mal-entendido, assim também é certo que eu o serei e o serei sempre. – Dois séculos de disciplina psicológica e artística *para começar*, senhores germânicos... Mas aí está um atraso que não se recupera.

7

Gostaria de dirigir ainda uma palavra aos ouvidos mais seletos: que *eu* realmente o que quero é música. Que seja jovial e profunda como uma tarde de outubro, que seja desenvolta, terna, uma doce donzela cheia de perfídia e de graça... Nunca admitirei que um alemão *possa* saber o que é música. Os chamados músicos alemães, a começar pelos maiores, são estrangeiros, eslavos, croatas, italianos, holandeses – ou judeus; se não for o caso, são alemães da raça forte, hoje extinta, como Heinrich Schutz,

Bach e Händel[33]. Eu mesmo continuo sendo demasiado polonês para dar todo o resto da música por Chopin[34]: excetuo, por três razões, o *Idílio de Sigfredo* de Wagner, talvez também Liszt[35] que sobrepuja a todos os músicos pelos nobres acentos de sua orquestra; e, finalmente, tudo o que surgiu do outro lado dos Alpes – entendo, *do lado de cá*... Não poderia passar sem Rossini[36] e menos ainda sem *meu meio-dia* da música, da música de meu *maestro* veneziano Pietro Gasti[37]. E quando digo do outro lado dos Alpes, refiro-me na realidade a Veneza. Quando procuro um sinônimo de *música,* encontro unicamente a palavra Veneza. Não sei estabelecer diferença entre lágrimas e música, não sei pensar a felicidade, o *sul*, sem estremecimentos de pavor.

Junto da ponte estava,
Recentemente na sombria noite.
De longe vinha uma canção:
Gotas de ouro deslizando
Sobre a superfície fremente desvanecidas.
Gôndolas, luzes, música
Ébrias se perdiam no crepúsculo...
Em minha alma, um leve toque nas cordas,
Cantava para ela, tocada invisivelmente,
Secretamente uma canção de gondoleiro,
Tremendo de felicidade multicolorida.
– Ah, alguém a escutava?...

8

Em tudo isso – na escolha da alimentação, do lugar e do clima, do divertimento – domina um instinto de conservação que mais claramente se exprime como instinto de *autodefesa*. Recusar ver, ouvir, deixar que se acerquem muitas coisas - primeira sabedoria, primeira prova de que não se é um acaso, mas uma necessidade. A palavra corrente para esse

[33] Heinrich Schutz (1585-1672), compositor alemão; Johann Sebastian Bach (1685-1750), compositor alemão; Georg Friedrich Handel (1685-1759), compositor alemão (NT).
[34] Frédéric Chopin (1810-1849), compositor e pianista polonês (NT).
[35] Franz Liszt (1811-1886), compositor e pianista húngaro (NT).
[36] Giaocchino Antonio Rossini (1792-1868), compositor italiano (NT).
[37] Italianização de Peter Gast, pseudônimo de Heinrich Köselitz, compositor contemporâneo e amigo de Nietzsche (NT).

instinto de autodefesa é *gosto*. Seu imperativo não ordena somente dizer não quando o sim representaria um "desinteresse", mas também *dizer não o menos possível*. Separar-se, desvincular-se de tudo o que obrigaria a sempre mais dizer não. A razão nisso está em que os dispêndios defensivos, mesmo mínimos, se se converterem em regra, em hábito, determinam um empobrecimento extraordinário e totalmente supérfluo. Nossos *grandes* dispêndios são os pequenos que se acumulam. Defender-se, não deixar se aproximar, é um dispêndio – que não haja engano a respeito – uma força *delapidada* em finalidades negativas. Pode-se, pela contínua necessidade de defesa, enfraquecer-se suficientemente a ponto de não ser mais capaz de se defender. – Suponhamos que eu saia de minha casa e, em lugar da calma e aristocrática Turim, encontre uma pequena cidade alemã: meu instinto deveria bloquear-se para rechaçar tudo o pudesse invadi-lo desse mundo superficial e covarde. Ou então suponhamos que eu encontrasse a grande cidade alemã, esse edifício de vícios, onde nada cresce, onde tudo, bom ou mau, é introduzido desde fora. Não deveria então converter-me em *ouriço*? – Mas ter espinhos é uma dissipação e até um duplo luxo, quando se tem a liberdade de não ter espinhos, mas mãos *abertas*...

Outra medida inteligência e de autodefesa consiste em *reagir o mais raramente possível* e a se subtrair às situações e às condições nas quais se estaria condenado a exibir por assim dizer sua própria "liberdade", sua iniciativa e tornar-se um puro e simples reagente. Adoto como metáfora o trato com os livros. O erudito, que no fundo outra coisa não faz senão "revolver" livros – para o filólogo de disposições medianas, mais ou menos 200 por dia – perde completamente a capacidade de pensar por si próprio. Se não remexe em livros, não pensa. Ele *responde* a uma excitação (uma ideia lida), quando pensa – e finalmente se limita apenas e simplesmente a reagir. O erudito gasta toda a sua energia em dizer sim e não, na crítica daquilo que já foi pensado – ele próprio não pensa mais... O instinto de autodefesa se enfraqueceu nele; caso contrário, defender-se-ia contra os livros. O erudito – um *decadente*. – Vi com meus próprios olhos: naturezas bem dotadas, ricas e propensas à liberdade, já aos trinta anos "arruinadas pela leitura", transformadas em simples fósforos que é preciso esfregar para que produzam centelhas – "pensamentos". – Logo cedo pela manhã, quando se está no frescor do dia, na aurora da própria força, ler um *livro* – a isso chamo vício!

9

Ao chegar a este ponto, já não posso adiar a verdadeira resposta à pergunta: *como se chega a ser o que se é.* E com isso toco a obra-prima da arte da autoconservação – do *egoísmo*... Supondo, com efeito, que a tarefa, a determinação, o destino da tarefa superem consideravelmente a medida média, não haveria perigo mais grave do que ver-se *através* dessa tarefa. Chegar a ser o que se é supõe que não se duvide minimamente do que se é. Desse ponto de vista, até mesmo os *desacertos* da vida têm seu sentido e seu valor próprios, precisamente como os descaminhos e os distanciamentos episódicos do caminho, as hesitações, os "pudores", a seriedade dispensada a tarefas que se encontram *da* tarefa. Nisso pode se manifestar uma grande inteligência e até mesmo a inteligência suprema: lá onde o *nosce te ipsum*[38] seria uma receita para se perder, então o esquecimento de si, o *equívoco* sobre si, o apequenamento, o estreitamento, a mediocrização de si se tornam a própria razão. Em termos de moral: o amor ao próximo, a vida para os outros e para outra coisa *pode* ser a medida de proteção para a conservação da mais dura mesmice. Este é o caso excepcional em que, contra a minha regra e a minha convicção, tomo partido dos impulsos "desinteressados": eles trabalham aqui a serviço do egoísmo, da *construção de um eu*. Deve-se preservar toda a superfície da consciência – a consciência é uma superfície – isenta de qualquer um dos grandes imperativos. Cuidado com todas as grandes palavras, com todas as grandes atitudes! Outros tantos perigos de que o instinto "se entende" de imediato. – Entrementes, não cessa de crescer a "ideia" organizadora, chamada a dominar – ela começa a dar ordens, lentamente tira dos caminhos desviados e equivocados, prepara qualidades e capacidades separadas que, um dia, se revelarão indispensáveis como meios para o todo – vai reordenando passo a passo todas as faculdades subalternas, antes mesmo de deixar transparecer algo da tarefa dominante, da "meta", do "fim", do "sentido". – Considerada neste aspecto, minha vida é simplesmente uma

[38] Expressão latina que significa "conhece-te a ti mesmo" (NT).

maravilha. Para a tarefa de uma *reavaliação* dos valores seriam necessárias talvez mais faculdades do que jamais coexistiram num só indivíduo, sobretudo oposições entre faculdades que, no entanto, não pudessem se perturbar ou se destruir. Hierarquia das faculdades; distância; arte de distinguir sem hostilidades; nada misturar, nada "conciliar"; uma prodigiosa multiplicidade que, apesar de tudo, é a antítese do caos – esta é a condição preliminar, o longo trabalho secreto e o domínio artista de meu instinto. Sua *tutela superior* se mostrou tão forte, que eu em momento algum suspeitei do que crescia em mim – onde todas as minhas aptidões um dia *jorraram* subitamente, todas elas amadurecidas e em sua derradeira perfeição. – Não me recordo de jamais ter feito esforços – nenhum sinal de *luta* pode ser encontrado em minha vida; sou o oposto de uma natureza heroica. "Querer" alguma coisa, "aspirar" por algo, ter uma "meta", um "desejo" em vista – nada disso conheço por experiência. Neste mesmo instante, considero meu futuro – um *vasto* futuro – como um mar calmo: nenhum anseio chega a encrespar suas águas. Por nada deste mundo quero que as coisas se tornem diferentes do que são; de minha parte, não quero tornar-me outro. E assim sempre vivi. Nunca tive qualquer desejo. Sou alguém que aos quarenta e quatro anos pode dizer que nunca buscou *honras*, *mulheres* e *dinheiro*! – Não é que me tenham faltado... Foi assim que um belo dia cheguei a ser professor de Universidade – nunca tinha pensado nisso, nem de longe, pois tinha apenas vinte e quatro anos. Foi assim que cheguei a ser, dois anos antes, filólogo: no sentido de que meu *primeiro* trabalho filológico, meu início, em todos os sentidos da palavra, me havia sido solicitado por meu professor Ritschl para sua "*Rheinisches Museum*"[39] (*Ritschl* – digo-o com veneração – foi o único erudito que encontrei até hoje. Possuía essa agradável depravação que distingue os que nascemos na Turíngia e que torna até simpático um alemão: para chegar à verdade preferimos muitas vezes os caminhos tortuosos. Não pretendo de modo algum, ao dizer isto, desmerecer meu mais próximo compatriota, o inteligente Leopold von Ranke[40]...).

[39] Título de uma revista de filologia clássica (NT).

[40] Leopold von Ranke (1795-1886), historiador alemão, catedrático da Universidade de Berlim, fundador da historiografia alemã moderna (NT).

10

Neste ponto, é necessário fazer uma grande reflexão. Poder-se-á perguntar-me qual o verdadeiro motivo que me levou a contar todas essas coisas insignificantes e que geralmente são julgadas indiferentes; com isso se poderia dizer que me prejudico a mim mesmo, tanto mais se sou destinado a defender grandes tarefas. Resposta: essas coisas insignificantes – alimentação, lugar, clima, divertimento, toda a casuística do egoísmo – são incrivelmente mais importantes de tudo o que até agora tem sido considerado importante. Aqui é que se deve começar a *trocar de método*. Tudo o que até agora a humanidade considerou sério, não são nem sequer realidades, são simples fantasmas da imaginação ou, para me exprimir com mais rigor, são *mentiras* derivadas de maus instintos de naturezas doentias, prejudiciais ao sentido mais profundo – todas as noções como "Deus", "alma", "virtude", "pecado", "o além", "verdade", "vida eterna"... Ora, foi nelas que se buscou a grandeza da natureza humana, seu caráter "divino". Todas as questões da política, da ordem social, da educação, foram completamente falseadas pelo fato de que se tomaram por grandes homens os homens mais nocivos e se ensinou a desprezar as coisas "insignificantes", ou seja, as condições fundamentais da própria vida... Nossa cultura atual é ambígua em sumo grau... O imperador alemão, pactuando com o papa, como se o papa não fosse o representante da inimizade mortal contra a vida!... O que se constrói hoje não está mais em pé depois de três anos. – Se me meço por aquilo que posso fazer, para não falar daquilo que vem depois de mim, uma subversão, uma construção sem igual, tenho o direito mais que qualquer outro mortal à palavra grandeza. Ora, se me comparo com os homens que até hoje foram considerados os primeiros, a diferença salta aos olhos. Esses pretensos "primeiros", não os conto sequer entre os homens em geral – para mim são o refugo da humanidade, criaturas abortadas pela doença e pelo instinto de vingança: não passam de monstros funestos e, no fundo, incuráveis, que se vingam da vida... Eu quero ser o oposto deles: meu privilégio é ter a mais refinada sensibilidade para discernir todos os sinais dos instintos sadios. Não tenho qualquer indício de morbidez. Mesmo nos períodos de grave doença jamais caí doente; é em vão procurar em mim sinal de fanatismo. Não se poderá mostrar em momento algum de minha vida uma atitude arrogante ou patética. O *pathos* da atitude *não* faz parte da grandeza; que tem necessidade de atitudes afetadas é *falso*... Cuidado com todos os homens extravagantes! – A vida decorreu fácil para mim e mais fácil ainda quando mais exigia de mim. Quem me viu nos setenta dias deste outono em que, sem interrupção, produzi coisas de primeira categoria, coisas que ninguém poderá fazer depois de mim – ou não pôde fazer antes de mim, com uma responsabilidade para com todos os milênios que virão, esse não terá percebido em mim sinal algum de tensão, mas antes um frescor e um bom humor transbordantes. Nunca comi com mais prazer, nunca dormi melhor. – Não conheço outra maneira de tratar com grandes tarefas do que o *jogo*: é para indicar a grandeza, pressuposto essencial! A menor contenção, o gesto sombrio, uma dureza qualquer no tom de voz, são outras tantas objeções contra um homem, com maior razão contra sua obra!... Não se tem o direito de ter nervos... Também *sofrer* pela solidão é uma objeção – eu, de minha parte sempre sofri por causa da "multidão"... Com uma precocidade absurda, desde meus sete anos, já sabia que nunca uma palavra humana haveria de me atingir: já fui visto alguma vez perturbado por isso? – Hoje ainda mostro a mesma afabilidade a qualquer um e sei também ter toda a deferência com os mais humildes: em tudo isso não há sequer um pingo de orgulho, de secreto desprezo. Mas *aquele* a quem desprezo, logo *adivinha* que é desprezado por mim: unicamente por minha existência revolto tudo o que tem sangue ruim nas veias... Minha fórmula para expressar a grandeza no homem é "*amor fati*"[41]: que ninguém queira nada de diferente nem no passado nem no futuro nem por toda a eternidade. Não suportar a necessidade somente e muito menos dissimulá-la – todo idealismo é mentira diante da necessidade – mas *amá-la*...

[41] Expressão latina que significa "amor ao destino" (NT).

Por que escrevo livros tão bons

1

Eu sou uma coisa, meus escritos são outra. Antes de falar deles, tratarei aqui a questão de se esses escritos têm sido compreendidos ou *in*compreendidos. Vou fazê-lo tão negligentemente como convém: pois não chegou a hora ainda de fazer esta pergunta. Tampouco para mim mesmo não chegou ainda a hora, alguns nascem postumamente. – Dia virá em que vai se sentir a necessidade de instituições nas quais se viva e se ensine como entendo que é preciso viver e ensinar; talvez se criem também cátedras especiais para a interpretação do *Zaratustra*. Mas seria de minha parte uma inconsequência total esperar desde hoje ouvidos e *mãos* para *minhas* verdades: que hoje não se dê ouvidos, que hoje não se queira haurir nada de mim, não é somente compreensível, mas isso me parece justo. Não quero ser confundido com outros – isso implica que eu mesmo não o faça. – Mais uma vez, minha vida não revela senão poucos sinais de "má vontade"; mesmo com relação à "má vontade" literária poderia a muito custo citar mais de um caso. Em contrapartida, demasiado de *pura tolice*!... A mais rara das distinções, me parece, que alguém pode se conceder é de tomar em mãos um livro meu – admito mesmo que tire para isso suas luvas – para não falar das botas... Quando uma vez o Dr. Heinrich von Stein lamentou sinceramente não compreender uma só palavra de meu *Zaratustra*, eu lhe disse que era normal: segundo meu parecer, ter compreendido seis frases desse livro, isto é, tê-las *vivido*, isso o elevaria, entre os mortais, a um nível mais sublime que aquele que podem atingir os homens "modernos". Como *poderia* eu, com esse sentimento de distância, não desejar ser lido pelo menos pelos "modernos" que conheço! – Meu triunfo é precisamente o inverso daquele de Schopenhauer[42] – eu digo: *"non legor, non legar"*[43]. – Não é que eu queira subestimar o prazer que me causou muitas vezes a *inocência* com que se disse não a meus escritos. Nesse verão ainda, num momento em que estava em meu poder contrabalançar com sucesso todo o resto da literatura pelo peso, pelo excessivo peso de meus escritos, um professor da Universidade de Berlim me fez com benevolência compreender que eu devia exprimir-me de outro modo: esse tipo de coisas, me dizia ele, ninguém as lê. – Ultimamente não tem sido a Alemanha, mas a Suíça que apresentou os dois casos extremos. Um artigo do doutor V. Wiedmann no *Bund*, sobre o *Além do Bem e do Mal*, sob o título "O perigoso livro de Nietzsche", e uma resenha global de meus livros, escrita por Karl Spitteler, também no *Bund*, constituem um *máximo* em minha vida – mas me abstenho de dizer de quê... Este último, por exemplo, tratou meu *Zaratustra* de "exercício superior de estilo", com o desejo que, mais tarde, eu me preocupasse igualmente do conteúdo; o doutor Wiedmann me testemunhava sua estima pela coragem com a qual me empenhava em abolir todos os sentimentos de decência. Por um pequeno capricho do acaso, cada frase neste artigo era, com uma coerência que eu admirava, uma verdade ao contrário: no fundo, nada mais havia a fazer do que "reavaliar todos os valores" para acertar, e de forma notável com relação a mim, na cabeça do prego – em lugar de acertar um prego em minha cabeça... Essa é uma razão a mais para que eu tente dar uma explicação. - No final das contas, ninguém pode escutar nas coisas, inclusive nos livros, mais do que já sabe. Não se tem ouvidos para escutar aquilo a que não se tem acesso pela experiência vivida. Imaginemos um caso extremo: que um livro fale somente de vivências que se encontram à margem de quaisquer experiências que podem ser vividas com frequência ou mesmo raramente – que esse livro constitua a *primeira* linguagem para expressar uma série de novas experiências. Neste caso não se entende absolutamente nada, sem contar a ilusão acústica que leva a crer que onde nada se ouve, *nada há tampouco*... Esta é finalmente minha experiência constante e, caso se queira, a *originalidade* de minha experiência. Aquele que supõe ter entendido alguma coisa de mim tomou algo emprestado de

[42] Arthur Schopenhauer (1788-1860), filósofo alemão (NT).
[43] Expressão latina que significa "não sou lido, não serei lido" (NT).

mim à sua imagem – e com bastante frequência é o contrário do que sou, por exemplo, um "idealista"; quem nada entendeu do que digo nega que eu deva em absoluto ser levado em consideração. – A palavra "super-homem", que serve para designar um tipo êxito supremo, em contraste com "homens modernos", homens "bons", cristãos e outros niilistas – palavra que, na boca de Zaratustra, do *aniquilador* da moral, dá muito que pensar – foi compreendida quase em toda parte, com toda a inocência, como sinônimo dos valores cuja antítese se revelou na figura de Zaratustra, isto é, como tipo "idealista" de uma espécie superior de homens, metade "santos", metade "gênios"... Outros doutos animais de chifres me classificaram como seguidor do darwinismo; chegaram até a reconhecer nessa palavra o "culto dos heróis" que, no entanto, rechacei tão dura e malvadamente, esse culto defendido por Carlyle[44], esse grande falsário apesar de tudo. Quando soprei ao ouvido de alguém que era melhor procurar um Cesare Borgia[45] que um Parsifal[46], não conseguia dar crédito a seus próprios ouvidos. – Terão de me perdoar se não sinto a menor curiosidade pelas recensões de meus livros, sobretudo as dos jornais. Meus amigos, meus editores o sabem e não me falam dessas coisas. Num só caso tive um dia um apanhado de todos os erros cometidos a propósito de um de meus livros – era o *Além do bem e do mal*; sobre isso poderia escrever um belo memorando! Poder-se-á acreditar que o *Nationalzeitung* – jornal prussiano; digo-o para meus leitores estrangeiros; quanto a mim, com a devida permissão, leio apenas o *Journal des Debats* – tenha conseguido ver neste livro, com toda a seriedade, um "sinal dos tempos", como a verdadeira e pura *filosofia dos fidalgos* que, para adotá-la, só faltava ao *Kreuzzeitung*[47] a coragem?...

2

Isso foi dito para os alemães: pois, em todos os demais lugares tenho leitores – todos eles inteligências de elite, personalidades provadas, instruídas, educadas em altas posições e condições; conto até verdadeiros gênios entre

---

[44] Thomas Carlyle (1795-1881), historiador e escritor escocês (NT).

[45] Cesare Borgia (1475-1507), filho do papa Alexandre VI, governador dos Estados Pontifícios, aventureiro que eliminava seus inimigos e alguns de seus aliados sem o menor escrúpulo; preso, fugiu e se refugiou na Espanha, onde morreu numa batalha (NT).

[46] Cavaleiro do ciclo do rei Artur que teria encontrado o Santo Graal; é o herói da ópera de Richard Wagner, intitulada Parsifal (NT).

[47] Jornal prussiano publicado em Berlim de 1848 a 1938, cujo título real era *Neue preussische Zeitung*. Era popularmente chamado *Kreuzzeitung* (jornal da cruz) por causa do símbolo da cruz de ferro que encimava a primeira página (NT).

meus leitores. Em Viena, em São Petersburgo, em Estocolmo, em Copenhague, em Paris e em Nova Iorque – por toda parte me descobrem: mas *não* no país mais chato da Europa, a Alemanha... E, confesso-o, me alegro ainda mais com os meus não-leitores, aqueles que nunca ouviram meu nome, nem ouviram falar de filosofia; mas em qualquer lugar a que chego, aqui em Turim por exemplo, todos os rostos se desanuviam e se alegram ao me ver. O que até agora mais me lisonjeou foi que algumas velhas vendedoras de frutas não descansaram até terem conseguido escolher para mim as uvas mais doces. *Até esse ponto* é preciso ser filósofo... – Não é por nada que os poloneses são tratados de franceses entre os eslavos. Uma encantadora russa nem por um momento se enganará quanto à minha origem. Não consigo assumir um ar solene; quando muito passo a mostrar embaraço... Pensar como alemão, sentir em alemão – sou capaz de tudo, mas isso ultrapassa minhas forças... Meu velho mestre Ritschl chegou a afirmar que mesmo minhas dissertações filológicas eu as concebia como um romancista parisiense – de uma forma absurdamente excitante. Mesmo em Paris se surpreendem com *minhas audácias e minhas sutilezas* – a expressão é do senhor Atine; receio que até nas mais altas elevadas formas de meu ditirambo se encontre alguma coisa daquele sal, o *espírito,* que nunca se torna insípido – para tornar-se "alemão"... Sou incapaz de agir de outro modo. Que Deus me ajude! Amém. – Todos nós sabemos, alguns o sabem até por experiência própria, o que é um animal de orelhas compridas. Pois bem, ouso afirmar que tenho as menores orelhas do mundo. Isso realmente interessa não pouco às senhoritas – parece-me que se sentem mais bem compreendidas por mim... Sou o *antiasno* por excelência e, portanto, um monstro na história mundial – sou, dito em grego, e não só em grego, o *anticristo*...

3

Conheço em certa medida meus privilégios de escritor; em determinados casos posso comprovar até que ponto a familiaridade com meus escritos "corrompe" o gosto. Simplesmente não se suporta mais os outros livros, sobretudo os de filosofia. É uma distinção sem igual penetrar neste mundo nobre e delicado – para isso há uma condição *primordial*: não ser alemão; é uma distinção que, em definitivo, deve ser merecida. Mas aquele que está próximo de mim pela *altura* do querer vive verdadeiros êxtases de aprendizagem: pois eu venho de alturas que nenhuma ave jamais sobrevoou, conheço abismos onde nenhum pé já se extraviou. Já me foi dito que era impossível largar as mãos de um livro meu – que eu chegava até a perturbar o sono... Não há no mundo nenhuma espécie de livros mais sobranceiros e ao mesmo tempo mais refinados: aqui e acolá atingem o que há de mais elevado a atingir na terra, o cinismo; devem ser conquistados com os dedos mais delicados ao mesmo tempo que com os punhos mais corajosos. Toda fragilidade da alma exclui deles uma vez por todas, bem como toda dispepsia: não se deve ter nervos, é preciso ter o ventre alegre. Não só a miséria, mas o ar viciado exclui deles, e muito mais ainda a covardia, a sujeira, o secreto rancor dos intestinos: uma palavra minha faz subir ao semblante todos os maus instintos. Entre meus conhecidos tenho várias cobaias nas quais observo a diversa, a muito instrutivamente diversa reação a meus escritos. Quem não quer saber nada de seu conteúdo, meus assim chamados amigos, por exemplo, ao lê-los se torna "impessoal"; me felicita por ter ido "tão longe" – dizendo que haveria também progresso numa jovialidade maior do tom... Os "espíritos" completamente viciados, as "belas almas", mentirosos dos pés à cabeça, não sabem realmente o que fazer com esses livros – por conseguinte, eles os olham de cima, bela conclusão lógica de todas as "belas almas". Os animais de chifres entre meus conhecidos, todos eles alemães, com perdão, me dão a entender que nem sempre são de meu parecer, mas que, apesar de tudo, por vezes, por exemplo... Ouvi dizer isso até do *Zaratustra*... De igual modo, todo "feminismo" entre os homens, e também no homem, é o que para mim fecha a porta: nesse caso, jamais se entrará nesse labirinto de conhecimentos audaciosos. O que importa é não ter sido nunca complacente consigo, é preciso ter *dureza* nas próprias atitudes para ser feliz e estar de bom humor entre verdades todas elas duras. Quando me empenho em imaginar um leitor perfeito, sempre resulta um fenômeno de coragem e de curiosidade e, além disso, algo de maleável, astuto e circunspecto, um aventureiro e um descobridor nato. Para terminar: não poderia dizê-lo melhor para quem unicamente no fundo me dirijo, do que Zaratustra o disse: a quem pretende ele expor exclusivamente seu enigma?

A vocês, audazes investigadores, tentadores, e a todo aquele que alguma vez se lançou em mares temíveis com velas astutas – a vocês, os ébrios de enigmas, os alegres do meio dia, cuja alma se sente seduzida com flautas para todos os abismos sem saída: - pois vocês não querem seguir com mão covarde um fio; e onde vocês podem adivinhar, odeiam o deduzir...

4

Vou dizer ainda algumas palavras gerais sobre minha *arte de estilo*. Comunicar um estado, uma tensão interior de *pathos* por meio de sinais, incluindo o ritmo desses sinais – esse é o sentido de todo estilo; e, tendo em conta que a multiplicidade dos estados interiores em mim é extraordinária, há em mim múltiplas possibilidades de estilo – a arte do estilo mais diverso que o homem jamais tenha tido a seu dispor. É *bom* todo estilo que comunica um estado interior, que não se equivoca sobre os sinais, sobre o ritmo dos sinais, sobre os *gestos* – todas as leis do período escrito são formas do gesto. – Meu instinto é neste ponto infalível. – O estilo bom *em si* – *pura tolice*, simples "idealismo", como o "belo em si", o "bom em si", a "coisa em si"... Admitindo que ainda há ouvidos para ouvir – ouvidos feitos de tal modo que sejam capazes e dignos de um *pathos* dessa ordem e que possam ser encontrados seres com quem se tenha o *direito* de se comunicar. Meu *Zaratustra*, por exemplo, está hoje ainda à procura de tais seres – ai! terá de procurá-los ainda por muito tempo! – É necessário ser *digno* para ouvi-lo... Até então não haverá ninguém que compreenda a *arte* que aqui foi utilizada: ninguém pôde jamais ser tão pródigo em recursos artísticos novos, inéditos, verdadeiramente criados exclusivamente para a ocasião. Que semelhante coisa fosse possível precisamente na língua alemã é o que faltava demonstrar: eu mesmo anteriormente o teria excluído com a maior energia. Antes de mim não se sabe o que se pode fazer com a língua alemã – o que se pode até mesmo fazer simplesmente com a língua. – A arte do *grande* ritmo, o *grande* estilo dos períodos para expressar o fluxo e refluxo prodigioso de uma paixão sublime, sobre-humana, isso foi o que eu por primeiro descobri; com um ditirambo como o último do terceiro livro de *Zaratustra*, intitulado "Os sete selos", voei mil léguas acima daquilo que se chamava até então poesia.

5

– Que por meio de meus escritos fale um psicólogo sem igual, talvez seja essa a primeira coisa que um bom leitor percebe – um leitor como mereço, que me leia como os bons filólogos outrora liam seu Horácio. As proposições sobre as quais no fundo está de acordo todo mundo, para não falar dos filósofos de todo o mundo, moralistas e outras cabeças ocas e cabeças de repolho – aparecem diante de mim como ingenuidades cheias de equívocos: por exemplo, essa crença de que "não-egoísta" e "egoísta" são opostos, enquanto que o próprio ego não passa de um "embuste supremo", um "ideal"... Não há ações egoístas nem ações não-egoístas: ambos os conceitos são um contra-senso psicológico. São contra-senso as proposições: "O homem aspira à felicidade"... "A felicidade é a recompensa da virtude"... "Prazer e desprazer são opostos"... A Circe[48] da humanidade, a moral, falsificou – *arquimoralizou* – todo o psicológico dos pés à cabeça, até chegar a esse espantoso absurdo de que o amor deveria ser algo "não-egoísta"... É preciso estar sentado firmemente em *si mesmo*, estar corajosamente plantado sobre as duas pernas, pois, de outro modo é absolutamente *impossível* amar. Isso, no final das contas, o sabem muito bem as senhoritas: não sabem que diabos fazer com homens desinteressados, meramente objetivos... De passagem, posso me aventurar em dizer que realmente *estou inteirado* do que são as senhoritas? Isso faz parte dr meu patrimônio dionisíaco. Quem sabe? Talvez eu seja o primeiro psicólogo do eterno feminino. *Toda elas* me amam – velha história: excetuando as mulheres *acidentadas*, as "emancipadas", aquelas que não têm o necessário para gerar filhos. – Felizmente não estou disposto a deixar-me devorar: a mulher feita, quando ama, devora... Conheço essas amáveis Mênades[49]... Ah! que predadorzinho perigoso, insinuante, subterrâneo! E, apesar de tudo, tão agradável!... Uma mulherzinha que persegue sua vingança seria capaz de atropelar o próprio destino. – A mulher é indizivelmente mais má que o homem, e também mais inteligente; a bondade é nela uma forma de *degenerescência*... Em todas aquelas denominadas "belas almas" há no fundo um mal-estar fisiológico – não digo tudo, pois, se o dissesse, converter-me-ia em medi-cínico. A luta pela igualdade de direitos já é um sintoma de doença: qualquer médico o sabe. – Quanto mais a mulher for verdadeiramente mulher, tanto mais se defenderá com pés e mãos contra os direitos em geral: o estado de natureza, a eterna *guerra* entre os sexos, lhe confere, e de longe, o primeiro lugar. Prestou-se atenção à minha definição do amor? É a única digna de um filósofo. O amor – em seus meios a guerra, em seu princípio o ódio à morte entre os sexos. – Prestou-se atenção à minha resposta para a pergunta:

[48] Na mitologia grega, Circe era uma bruxa que transformou os companheiros do herói Ulisses (da *Odisseia)* em porcos (NT).

[49] Também chamadas Bacantes, as Mênades eram espíritos orgíacos desenfreados, companheiras do deus Dioniso (NT).

como se *cura* – como "se salva" uma mulher? Basta fazer-lhe um filho. A mulher necessita de filhos, o homem nunca é mais que um meio: assim falava Zaratustra. – "Emancipação da mulher" – é o ódio instintivo da mulher *mal constituída*, isto é, infecunda, contra a mulher fecunda; – a luta contra o homem não passa de recurso, pretexto, tática. Ao elevar-se a *si mesma* como "mulher em si", como "mulher superior", como "mulher idealista", quer *rebaixar* o nível geral da mulher; nenhum meio mais seguro para isso do que a educação num colégio, o uso de calças e os direitos políticos do rebanho eleitoral. No fundo, as emancipadas são as *anarquistas* no universo do "eterno feminino", as fracassadas cujo instinto mais radical é a vingança... Todo um tipo do mais pernicioso "idealismo" - que, aliás, se observa também nos homens, por exemplo em Hendrik Ibsen[50], essa típica solteirona velha – tem por objetivo *envenenar* a boa consciência, a natureza no amor sexual... E, para não deixar nenhuma dúvida sobre minha opinião a esse respeito, tão honesta como rigorosa, quero expor outro artigo de meu código moral contra o *vício*: sob o nome de vício, combato toda espécie de contra-natureza ou, se se prefere uma palavra bonita, de idealismo. Este é o artigo: "A pregação da castidade é uma incitação pública à contra-natureza. Todo desprezo da vida sexual, toda a adulteração jogada sobre ela por meio da ideia de "impuro" é o próprio atentado contra a vida – é o verdadeiro pecado contra o espírito santo da vida."

6

Para dar uma ideia do que sou como psicólogo, vou reproduzir aqui um curioso fragmento de psicologia de meu livro *Além do Bem e do Mal* – proíbo, aliás, qualquer conjetura sobre a identidade de quem descrevo nesta passagem: "O gênio do coração, como o possui esse grande desconhecido, esse deus tentador, esse caçador de ratos da consciência, cuja voz sabe descer até os últimos desvãos de todas as almas, que não diz uma palavra, que não arrisca um olhar, em que não se encontre uma intenção secreta e um pensamento de sedução, em quem saber parecer faz parte do domínio – e não o que é, mas o que constitui, para aqueles que o seguem, uma pressão *suplementar* para cerrar fileiras ainda mais com ele, para segui-lo

[50] Hendrik Ibsen (1828-1906), poeta e dramaturgo norueguês (NT).

mais íntima e profundamente para sempre... O gênio do coração, que a todo aquele que é ruidoso e se compraz em si mesmo o faz emudecer e o ensina a escutar, que dá polimento às almas rudes e lhes dá a degustar um novo desejo – o de ficar quietas como um espelho, para que o céu profundo nelas se reflita... O gênio do coração que faz hesitar e agarrar com maior delicadeza a mão grosseira e demasiado apressada; que adivinha o tesouro escondido e esquecido, a gota de bondade e de doce espiritualidade sob a camada de gelo turva e espessa, que é uma vara mágica para todas as pepitas de ouro por longo tempo enterradas sob camadas de barro e areia... O gênio do coração, graças a cujo contato todos ficam mais ricos, não abençoados e surpresos, não gratificados e oprimidos como que por bens estranhos, mas mais ricos de si mesmos, mais novos que antes a seus próprios olhos, abertos, penetrados e espiados pelo vento do degelo, talvez mais incerto, mais delicado, mais frágil, mais confuso, mas cheio de esperanças que ainda não têm nome algum, cheio de nova vontade e de novas correntes, cheio de novas contra-vontades e de novas contra-correntes..."

I – O NASCIMENTO[51] DA TRAGÉDIA

1

Para ser justo com *O Nascimento da Tragédia* (1872), será necessário esquecer algumas coisas. Esta obra *influiu* e até fascinou com o que nela havia de equívoco – com sua aplicação ao *wagnerismo*, como se este fosse um sintoma de *movimento ascendente*. É por isso justamente que este escrito foi um acontecimento na vida de Wagner: foi somente a partir desse momento que grandes esperanças foram depositadas no nome de Wagner. Hoje ainda há quem me relembre, por vezes nas discussões sobre *Parsifal*, que na realidade sou eu que tenho em minha consciência o fato de que tenha prevalecido uma opinião tão elevada sobre o *valor cultural* desse movimento. – Muitas vezes vi citar este escrito como o "*re*nascimento da tragédia por meio do espírito da música". Nunca se deu ouvidos senão para uma nova formulação da arte, da intenção, da *tarefa de Wagner* – em contrapartida, não se deu atenção ao quanto de valioso encerrava no fundo este escrito. "Helenismo e pessimismo" teria sido um título menos equívoco: pois teria informado pela primeira vez como os gregos se desembaraçaram do pessimismo – como o *superaram*... A tragédia é precisamente a prova de que os gregos não eram *de modo algum* pessimistas: Schopenhauer se enganou a respeito, como se enganou em tudo. – Se for examinado com certa neutralidade, *O nascimento da tragédia* parece muito intempestivo: ninguém poderia imaginar que tivesse começado no meio do estrépito da batalha de Wörth[52]. Meditei esse problema diante dos muros de Metz, no decorrer das frias noites de setembro, enquanto prestava serviço como enfermeiro(3)[53]; poder-se-ia crer que este escrito data de cinquenta anos antes. É politicamente indiferente – "não-alemão", se diria hoje – cheira a hegeliano até a indecência, somente em algumas fórmulas está impregnado do

[51] O termo alemão usado por Nietzsche é *Geburt*, cuja tradução literal é nascimento, mas pode ser traduzido, neste caso, também como surgimento, origem; o livro será publicado nesta coleção da Editora Escala (NT).
[52] Referência à batalha travada na região alemã da Alsácia em 1870 (NT).
[53] Nietzsche foi para o campo de batalha como voluntário, servindo como enfermeiro (NT).

amargo odor cadavérico de Schopenhauer. Uma "ideia – a antítese do dionisíaco e do apolíneo – traduzida em linguagem metafísica; a própria história concebida como desenvolvimento dessa "ideia"; na tragédia o contraste se eleva a uma unidade superior; nessa ótica, coisas que nunca se tinham visto face a face, postas subitamente frente a frente, iluminadas e *compreendidas* umas por meio das outras... Por exemplo, a ópera e a revolução... As duas *inovações* decisivas deste livro são, de um lado, a compreensão do fenômeno *dionisíaco* entre os gregos: o livro oferece a primeira psicologia desse fenômeno, vê nele a raiz única de toda a arte grega. O outro elemento novo é a compreensão do socratismo: Sócrates, reconhecido pela primeira vez como instrumento da dissolução grega, como típico *decadente.* A "racionalidade" *contra* o instinto. A "racionalidade" a qualquer preço, como força perigosa que solapa a vida! – Profundo silêncio hostil em todo o livro sobre o cristianismo. Este não é nem apolíneo nem dionisíaco; *nega* todos os valores *estéticos* – os únicos que *O nascimento da tragédia* reconhece: é profundamente niilista, enquanto que o símbolo dionisíaco leva a tocar os extremos limites da *afirmação.* Num momento se alude aos sacerdotes cristãos como uma "torpe espécie de anões", "seres subterrâneos"...

2

Este começo é extremamente notável. Havia *descoberto* por minha experiência mais profunda o único símbolo e a única réplica que a história possui – exatamente por isso tinha sido o primeiro a compreender o maravilhoso fenômeno do dionisíaco. De igual modo, reconhecendo Sócrates como *decadente*, havia dão uma prova totalmente inequívoca que a segurança de minha intuição psicológica não seria de modo algum posta em perigo por alguma idiossincrasia moral: – a própria moral vista como sintoma de *decadência* é uma inovação, uma singularidade de primeira ordem na história do conhecimento. Nos dois casos, como eu me havia colocado muito acima da lamentável charlatanice sobre a questão do otimismo contra o pessimismo! – Fui o primeiro a ver logo o verdadeiro contraste: – o instinto que *degenera*, que se volta contra a vida com um rancor subterrâneo (– o cristianismo, a filosofia de Schopenhauer, em certo sentido já a filosofia de Platão, todo o idealismo, são formas típicas desse instinto) e uma fórmula da *afirmação suprema*, nascida da abundância, da superabundância, um "dizer sim" sem reserva até mesmo ao sofrimento, até mesmo à culpa, a tudo o que é duvidoso e estranho na existência... Este "sim" definitivo, o mais alegre, o mais exuberante e orgulhoso dado à vida não é apenas a intuição suprema, mas é também a mais profunda, a mais rigorosamente confirmada e sustentada pela verdade e pela ciência. Nada do que existe deve ser subtraído, nada é supérfluo – os aspectos da existência negados pelos cristãos e por outros niilistas são mesmo de ordem infinitamente mais elevada na hierarquia dos valores do que aquilo que o instinto de *decadência* pode aprovar e *chamar bom*. Para compreender isso se necessita de *coragem* e, como condição, um excesso de *força*: porque só na medida em que a coragem *ousa* se aventurar, se aproxima precisamente da verdade. O conhecimento, o "dizer sim" à realidade, constituem para o forte uma necessidade da mesma ordem que, para o fraco, a covardia e a *fuga* diante da realidade – o "ideal" – sob a inspiração da fraqueza... O fraco não tem liberdade de conhecer: os *decadentes* têm *necessidade* da mentira, têm nela uma das condições da própria conservação. – Quem não somente compreende a palavra "dionisíaco", mas se compreende *a si mesmo* nela, não necessita de nenhuma refutação de Platão ou do cristianismo ou de Schopenhauer – cheira-lhe à "putrefação"...

3

Em que medida havia com isso encontrado o conceito do "trágico", o conhecimento definitivo do que é a psicologia da tragédia, é algo que já expus ultimamente em *Crepúsculo dos Ídolos*. "O dizem sim à vida inclusive em seus problemas mais estranhos e mais rudes; o querer viver *sacrificando* alegremente seus tipos mais elevados em seu caráter inesgotável – isso foi o que chamei dionisíaco, isso foi o que entendi como ponte que leva à psicologia do poeta *trágico*. *Não* para libertar-se do terror e da compaixão, não para purificar-se de um afeto perigoso por meio de uma veemente descarga – neste ponto Aristóteles está errado – mas para, além do terror e da compaixão, *sermos nós mesmos* a eterna alegria do devir, essa alegria que encerra em si o prazer da destruição..." Nesse sentido tenho o direito de me considerar o primeiro *filósofo trágico* – isto é, como a extrema antítese e antípoda de um filósofo pessimista. Antes de mim não existe essa transposição do dionisíaco em *pathos* filosófico: falta a *sabedoria trágica* – em vão procurei indícios dela inclusive entre as grandes figuras gregas da filosofia, aquelas de dois séculos *antes* de Sócrates. Fiquei em dúvida quanto a Heráclito, em cuja proximidade sinto mais calor e mais coragem que em qualquer outro lugar. A afirmação do fluir e da *destruição*, elemento decisivo numa filosofia dionisíaca, o dizer sim à contradição e à guerra, o *devir*, com uma recusa radical do próprio conceito de "ser" – nisso tenho de reconhecer, em qualquer circunstância, o que está mais próximo de mim dentre o que até agora se tem pensado. A doutrina do "eterno retorno", ou seja, do ciclo incondicional, infinitamente repetido, de todas as coisas – essa doutrina de Zaratustra poderia, em definitivo, já ter sido ensinada por Heráclito. Pelo menos o estoicismo, que herdou de Heráclito quase todas as suas ideias, apresenta sinais dela.

4

Neste escrito se exprime uma imensa esperança. Não tenho motivo algum, em definitivo, para renunciar à esperança de um futuro dionisíaco da música. Lancemos o olhar para um século adiante, suponhamos que meu *atentado* contra dois milênios de contra-natureza e de profanação do homem tenha êxito. Esse novo partido da vida que toma nas mãos a maior de todas as tarefas, a educação superior da humanidade, inclusive o inexorável aniquilamento de todo o degenerado e parasita, tornará de novo possível na terra esse *excesso de vida* do qual deverá surgir igualmente o estado dionisíaco. Prometo uma época *trágica*: a arte suprema do dizer sim à vida, a tragédia, renascerá quando a humanidade tiver atrás de si a consciência das guerras mais duras, mas mais necessárias, *sem sofrer por isso*... Um psicólogo poderia ainda acrescentar que tudo quanto ouvi da música de Wagner em meus anos juvenis não tem nada a ver com Wagner; que quando eu evocava a música dionisíaca, evocava o que *eu* havia ouvido – porque eu devia instintivamente tudo traduzir e transfigurar no novo espírito que levava dentro de mim. A prova disso, *tão forte quanto uma prova pode ser*, é meu escrito *Wagner em Bayreuth*: em todas as passagens psicologicamente decisivas só se fala de mim – pode-se, sem reservas, colocar meu nome ou a palavra "Zaratustra" onde o texto traz a palavra "Wagner". Todo o perfil do artista *ditirâmbico* é o retrato do *poeta preexistente* do *Zaratustra*, desenhado com abissal profundidade e sem tocar por um só instante sequer a realidade wagneriana. O próprio Wagner tinha noção disso; não se reconheceu nesse escrito. – Igualmente o "pensamento de Bayreuth" se havia transformado em algo que não será de forma alguma um conceito enigmático para quem conhece meu *Zaratustra*: naquele grande *meio-dia* em que a elite dos elites se consagra à maior de todas as tarefas – quem sabe? A visão de uma festa que ainda hei de viver... O *pathos* que anima as primeiras páginas é digno da história do mundo; o *olhar* de que se fala na página sete é de fato o olhar de Zaratustra; Wagner, Bayreuth, toda essa pequena miséria alemã é uma nuvem na qual se reflete uma infinita fada Morgana do futuro. Mesmo psicologicamente, todos os traços decisivos de minha própria natureza estão impressos por mim na de Wagner – a coexistência das forças mais luminosas e fatais, a vontade de poder tal como homem algum jamais a possuiu, a descontrolada audácia nas coisas do espírito, a ilimitada força de aprender sem que a vontade de agir seja oprimida. Tudo nesse escrito é profético: a proximidade do retorno do espírito grego, a necessidade de *anti-Alexandres* que *voltem a atar* o nó górdio da cultura grega, depois que havia sido desatado... Que se ouça o acento digno da história do mundo com o qual, na página 30[54], é introduzido o conceito de "sentimento trágico": nesse escrito há apenas acentos dignos da história do mundo. Esta é a objetividade mais estranha que possa existir: a absoluta certeza do que *eu sou* se projetou sobre qualquer realidade contingente – a verdade sobre mim se exprimia desde uma profundidade aterradora. Na página 71[55], o *estilo* de Zaratustra é evocado e antecipado com incisiva segurança; nunca se encontrará uma expressão mais grandiosa para o *acontecimento* Zaratustra, para o ato de uma imensa purificação e consagração da humanidade do que aquela que se encontra nas páginas 43 a 46[56].

[54] Intempestiva IV – Wagner em Bayreuth, 4
[55] Idem, ibidem, 9.
[56] Idem, ibidem, 6

II – As intempestivas

1

As quatro *Intempestivas*[57] são integralmente belicosas. Demonstram que não sou um "João sonhador", que me dá prazer desembainhar a espada – talvez também que tenho os punhos soltos. O *primeiro* ataque (1873) foi dirigido contra a cultura alemã, que eu então olhava de cima com inexorável desprezo. Desprovida de sentido, de substância, de finalidade: nada mais que mera "opinião pública". Não há mal-entendido mais pernicioso que acreditar que o grande êxito das armas alemãs prova alego em favor dessa cultura – ou mesmo a vitória *dessa cultura* sobre a França. A segunda *Intempestiva* (1874) põe em evidência o que há de perigoso, de corrosivo e de tóxico em nossa maneira de praticar a ciência: – a vida *doentia* dessa engrenagem e desse mecanismo, dessa "*im*personalidade" do trabalhador da falsa economia da "divisão do trabalho". A *finalidade*, que é a cultura, se perde: – o meio, a prática moderna da ciência, *barbariza*... Nesse ensaio, o "sentido histórico" de que este século se orgulha foi pela primeira vez reconhecido como doença, como típico sintoma de decadência. – Na *terceira* e na *quarta Intempestivas*, como indícios de um conceito superior de cultura, da restauração do conceito de cultura, duas figuras do mais duro *egoísmo*, da mais dura formação de *um ego*, tipos intempestivos *por excelência*, cheios de soberano desprezo contra tudo o em torno se chamava "império", "educação", "cristianismo", "Bismark", "êxito" – Schopenhauer e Wagner *ou*, numa palavra, Nietzsche...

2

Desses quatro atentados, o primeiro teve um êxito extraordinário. O rumor que provocou foi magnífico em todos os sentidos. Eu havia tocado uma nação vitoriosa em seu ponto vulnerável – ao

[57] *As Intempestivas* são quatro escritos de Nietzsche que levam os seguintes títulos: I – *David Strauss, o confessor e o escritor*; II – *Sobre a utilidade e a desvantagem da ciência histórica para a vida*; III – *Schopenhauer como educador*; IV – *Richard Wagner em Bayreuth* (NT).

dizer que sua vitória *não* era um acontecimento cultural, mas talvez, talvez algo totalmente diverso... A resposta veio de todos os lados e certamente não só dos velhos amigos de David Strauss[58], ao qual eu havia posto em ridículo como tipo de filisteu alemão da cultura e *satisfeito*, em suma, como autor de seu evangelho de cervejaria de "*A antiga e a nova fé*"[59] (a expressão "filisteu da cultura", empregada em meu livro se fixou desde então na língua). Esses velhos amigos, aos quais em sua qualidade de wurtemberguenses e suecos eu havia desferido um duro golpe ao pôr em ridículo seu estranho animal, seu Strauss, responderam de modo tão honesto e grosseiro que eu jamais poderia esperar; as respostas prussianas foram mais inteligentes – tinham em si mais "azul da Prússia". O mais indecoroso o expressou um jornal de Leipzig, o tristemente famoso *Grenzboten;* tive o maior trabalho em conter meus indignados amigos de Basileia e impedi-los de tomar medidas. Somente alguns velhos senhores se puseram incondicionalmente de meu lado por razões diversas e em parte misteriosas. Entre eles, Ewald[60] de Göttingen, que deu a entender que meu atentado tinha resultado mortal para Strauss. De igual modo o velho hegeliano Bruno Bauer[61], em quem tive desde então um de meus mais atentos leitores. Gostava, em seus últimos anos, de me recomendar a outros, por exemplo, ao senhor Von Treitschke[62], o historiador prussiano, ao qual indicava quem era a pessoa a quem poderia perguntar para informar-se sobre o conceito de "cultura", cuja definição lhe havia fugido do espírito. O mais profundamente refletido e o mais extenso sobre o escrito e seu autor foi dito por um antigo discípulo do filósofo Von Baader, um certo professor Hoffmann[63] de Wurzburg. Este escrito o levava a prever um grande destino para mim – provocar uma espécie de crise e de decisão suprema no problema do ateísmo, cujo tipo mais instintivo e mais audaz vislumbrava em mim. O

[58] David Friedrich Strauss (1808-1874), teólogo liberal, atacado com virulência por Nietzsche em várias de suas obras (NT).

[59] Título de obra de David F. Strauss, publicada em 1872 (NT).

[60] G. H. Ewald (1803-1875), orientalista alemão, catedrático da Universidade de Göttingen, autor de numerosas obras (NT).

[61] Bruno Bauer (1809-1882), teólogo e escritor alemão (NT).

[62] Heinrich Gotthard von Treitschke (1834-1896), historiador e politico alemão, professor da Universidade de Berlim (NT).

[63] Franz Hoffmann (1804-1881), escritor alemão (NT).

ateísmo era o que me levava a Schopenhauer, dizia. – Mas o artigo bem mais escutado e que provocou maior amargura foi um extraordinariamente forte e corajoso em minha defesa do tão brando, por outra, Karl Hillebrand[64], o último alemão *humano* que soube manejar a caneta. Seu artigo pode ser lido no *Ausburger Zeitung*[65]; hoje pode ser encontrado, sob forma mais atenuada, em suas obras completas. Meu escrito era apresentado nele como um acontecimento, como um momento crítico, como uma primeira tomada de consciência de si, como um ótimo sinal, como um verdadeiro *retorno* da seriedade alemã e da paixão alemã pelas coisas do espírito. Hillebrand elogiava muito a forma do escrito, seu gosto maduro, seu tato perfeito em discernir entre pessoa e coisa: considerava-o o melhor texto polêmico escrito em língua alemã – na arte da polêmica que é justamente tão perigosa e tão desaconselhável aos alemães. Estava incondicionalmente de acordo comigo, indo inclusive mais longe que eu no tocante ao que eu havia ousado dizer sobre a depravação da língua na Alemanha (– hoje os alemães brincam de puristas e não sabem construir uma frase –), desprezando como eu os "primeiros escritores" dessa nação, e terminava expressando sua admiração por minha *coragem* – essa "coragem suprema que põe nos bancos dos réus precisamente os favoritos do povo..." – A influência deste escrito em minha vida é realmente inestimável. Desde então ninguém quis mais procurar desavenças comigo. Todos se calam, na Alemanha me tratam com uma cautela lúgubre: há alguns anos passei a gozar de uma absoluta liberdade de palavra, para a qual hoje ninguém, e sobretudo no "império alemão", tem tido suficientemente livre a *mão*. Meu paraíso está "à sombra de minha espada"... No fundo, pus em prática uma *máxima* de Stendhal: ele aconselha entrar na sociedade por meio de um *duelo*. E como eu soube escolher o adversário! O primeiro livre-pensador alemão!... De fato, em meu escrito aparecia pela primeira vez uma espécie *totalmente* nova de livre pensamento: até hoje nada me é mais estranho e menos afim do que toda a *espécie* europeia e americana de "*livre-pensadores*". Com eles, esses incorrigíveis mentecaptos e bufões das "ideias modernas", me encontro em oposição mais

[64] Karl Hillebrand (1829-1884), historiador e correspondente de Nietzsche (NT).
[65] Jornal de Augsburgo (NT).

profunda do que com qualquer um de seus adversários. Também eles pretendem, a seu modo, "melhorar" a humanidade à sua imagem; fariam uma guerra implacável ao que sou, ao que *quero*, se acaso o compreendessem – todos eles ainda acreditam no "ideal"... Eu sou o primeiro *imoralista*.

3

Que as duas *Intempestivas* conhecidas pelos nomes de Schopenhauer e Wagner possam especialmente servir para compreender ou até só para pôr a problemática psicológica dos dois casos em questão é o que eu não poderia afirmar, exceto, como é óbvio, em alguns pormenores. Assim, por exemplo, ficou já definido ali com profunda segurança instintiva que a natureza básica da natureza de Wagner é um talento de comediante que, em seus meios e em seus fins, não faz senão chegar até as últimas consequências. No fundo, com esses dois escritos é qualquer coisa bem diferente de psicologia que eu pretendia fazer: – é um problema de educação sem igual, um novo conceito da *construção do eu*, da *defesa do eu* até chegar à dureza, uma via em direção da grandeza e das tarefas na medida da história do mundo que, pela primeira vez, procuravam se expressar. Em suma, agarrei pelos cabelos dois tipos famosos, ainda não bem fixados, como se agarra pelo cabelos uma oportunidade para exprimir uma coisa, para ter em mãos algumas fórmulas, sinais ou meios de expressão a mais. No final das contas, isso está insinuado, com uma sagacidade perfeitamente inquietante na *Terceira Intempestiva*. Da mesma forma Platão se serviu de Sócrates como de uma semiótica para Platão. – Agora que volvo o olhar desde certa distância às situações das quais esses escritos são testemunho, não gostaria de negar que, no fundo, só falam de mim. O escrito *Wagner em Bayreuth* é uma visão de meu futuro; em contrapartida, no *Schopenhauer como Educador* está escrita minha história íntima, meu *devir*. Acima de tudo, minha *promessa*!... *O que* hoje sou, *o lugar em que* me encontro – a uma altura em que já não falo com palavras, mas com raios – oh! como então estava ainda longe disso! – Mas eu *percebia* a Terra prometida – em nenhum instante me enganei sobre o caminho, o mar, os riscos – *e* o sucesso! A grande tranquilidade no prometer, a feliz visão em direção a um futuro que não há de ficar em simples promessa! – Aqui cada palavra é vivida, profunda, íntima; nem faltam coisas dolorosíssimas, havendo palavras que propriamente sangram. Mas um vento de *grande* liberdade sopra sobre tudo; a própria ferida *não* age como objeção. – O filósofo tal como o entendo, como uma terrível matéria explosiva, diante do qual tudo está em perigo, como separo a uma distância de mil léguas meu conceito de "filósofo" de um conceito que até mesmo Kant mantém ainda, para não falar dos "ruminantes" acadêmicos e de outros professores de filosofia: são coisas sobre as quais esse escrito oferece um ensinamento apreciável, mesmo que se admita que aquele que se exprime não é, no fundo, *Schopenhauer como educador*, mas sua *antítese*, *Nietzsche como educador*. – Considerando que na época meu ofício era o de erudito e que talvez eu *entendia* de meu ofício, o áspero fragmento de psicologia do erudito que aparece nesse escrito não era desprovido de importância: exprime o *sentimento da distância*, a profunda certeza sobre o que em mim pode ser uma *tarefa* ou somente meio, entreato e elemento acessório. Minha esperteza consiste em ter sido muitas coisas e ter estado em muitos lugares para poder chegar a ser um – para poder chegar a torna-me um. *Tinha que* ser também, por algum tempo, erudito.

III – HUMANO, DEMASIADO HUMANO[66]

COM DOIS SUPLEMENTOS

1

Humano, demasiado humano é o monumento de uma crise. Diz de si mesmo que é um livro para espíritos *livres*: quase cada frase dele exprime uma vitória – com ele me liberei de tudo o que *não pertencia* à minha natureza. Para mim, não pertence a ela o idealismo: o título significa "lá onde *vocês* veem coisas ideais, *eu* vejo coisas humanas, ai, demasiado humanas!"... Conheço *melhor* o homem... A expressão "espírito livre" não poderia ter nele outro sentido: um espírito *tornado livre*, que voltou a tomar posse de si próprio. O tom, o timbre da voz se modificou completamente: o livro será considerado sutil, ágil e em certos momentos duro e sarcástico. Certa espiritualidade de gosto *aristocrático* parece se sobrepor constantemente a uma corrente mais apaixonada que flui no fundo. Nesse contexto é significativo que seja de fato o centenário da morte de Voltaire(2)[67] que, por assim dizer, serve de desculpa para a publicação do livro no ano de 1878. Com efeito, Voltaire, ao contrário de todos os que escreveram depois dele, é antes de mais nada um *grande senhor* do espírito: exatamente o que eu também sou. – O nome de Voltaire sobre um escrito meu – era realmente um progresso – *em direção a mim mesmo*... Observando mais atentamente, descobre-se um espírito implacável, que conhece todos os esconderijos onde o ideal se abriga – onde ele tem as suas trincheiras e, por assim dizer, seu último refúgio. De tocha mas mãos, a qual não produz em absoluto a "luz vacilante" de uma tocha, consegue-se iluminar com uma claridade incisiva esse subterrâneo do ideal. É a guerra, mas guerra sem pólvora e sem fumaça, sem atitudes bélicas, sem *pathos* nem membros deslocados – tudo isso seria ainda "idealismo". Um após outro, os erros são depositados tranquilamente sobre o gelo, o ideal não é refutado – *se congela*...

[66] Livro já publicado nesta coleção da Editora Escala (NT).
[67] François Marie Arouet, dito Voltaire (1694-1778), filósofo e escritor francês (NT).

Aqui, por exemplo, se congela o "gênio"; num canto mais adiante, se congela "o santo"; sob espessa camada, se congela "o herói"; no final das contas, o que se congela é "a fé", a chamada "convicção" e até mesmo a "compaixão" se esfria sensivelmente – quase em toda parte se congela "a coisa em si"...

2

Os inícios deste livro se situam nas semanas do primeiro festival de Bayreuth[68]; uma profunda estranheza diante de tudo o que me rodeava constitui um de seus pressupostos. Quem tiver em mente as visões que se haviam até aí formado em meu caminho poderá advinhar o que senti no dia em que despertei em Bayreuth. Era como se eu estivesse sonhando... Onde estava? Não reconhecia mais nada, com dificuldade reconhecia Wagner. Em vão folheava minhas recordações. Tribschen[69] afigurava-se longínqua ilha de bem-aventurados: nem sombra de semelhança com Bayreuth. Os dias incomparáveis em que se pusera a primeira pedra, o pequeno grupo de *leais* que o festejava e ao qual não faltava gosto pelas coisas delicadas: nem sombra de semelhança! *Que havia acontecido*? – Havia-se traduzido Wagner em alemão! O wagneriano se havia tornado mestre de Wagner! – A arte *alemã*! O maestro *alemão*! A cerveja *alemã*!... Nós, os que sabíamos até me demasia a que artistas refinados e a que cosmopolitismo do gosto a arte de Wagner se dirige com exclusividade, estávamos fora de nós mesmos ao encontrar Wagner travestido de "virtudes" alemãs. – Julgo conhecer o wagneriano, vivi três gerações deles, desde o falecido Brendel[70], que confundia Wagner com Hegel, até os idealistas do *Bayreuther Blätter*, que confundem Wagner consigo mesmos – ouvi toda espécie de confissões de "belas almas" sobre Wagner. Um reino por uma palavra sensata! – Na verdade, gente para pôr os cabelos em

[68] Cidade do sul da Alemanha, desde o século XVIII era um centro de espetáculos musicais, mas foi por influência de Richard Wagner (1813-1883) que passou a organizar, a partir de 1872, os festivais de música (NT).

[69] *Localidade em que se situava a mansão de Wagner e para onde Nietzsche ia com frequência pela profunda amizade que o ligava ao músico; aos poucos, porém, foi se desencantando diante do caráter e das posições de Wagner, acabando por romper com ele (NT).*

[70] Karl Franz Brendel (1811-1868), músico alemão (NT).

pé! Nohl, Pohl, Kohl, com grazie in infinitum[71]! Não falta nenhum monstro de horrores, nem sequer o antissemita. – Pobre Wagner! Onde fora cair! – Se ao menos tivesse caído entre porcos! Mas no meio de alemães!... Em última análise, se deveria empalar, para escárnio da posteridade, um bayreuthiano autêntico ou, melhor ainda, submergi-lo em álcool, pois espírito (álcool) é o que lhe falta – com a legenda: Este é o espírito sobre o qual se fundou o "império alemão"... Basta, parti dali em pleno festival, de súbito, por duas semanas, embora uma *encantadora* parisiense procurasse me consolar; desculpei-me com Wagner simplesmente por meio de um telegrama fatalista. Num recanto perdido no fundo da floresta da Boêmia, em Klingenbrunn, andei passeando com minha melancolia e meu desprezo pelos alemães, como se se tratasse de uma doença – *e de vez em quando* escrevia, sob o título geral de "Relha do arado", uma frase em meu livro de notas, nada mais que observações psicológicas *duras*, que talvez possam ser encontradas em *Humano, demasiado humano.*

3

O que se decidiu então em mim não foi exatamente uma ruptura com Wagner – eu pressentia uma aberração geral de meu instinto, do qual cada desacerto, fosse ele Wagner ou fosse a cátedra de professor de Basileia, era meramente um sinal. Fui acometido por um acesso de *impaciência* comigo mesmo; via que havia chegado o momento certo de refletir *sobre mim.* De repente, aparecia diante de mim a terrível evidência de todo o tempo já perdido – que aspecto inútil, arbitrário, oferecia toda minha existência de filólogo, comparada com minha tarefa. Envergonhei-me dessa *falsa* modéstia... Havia deixado dez anos atrás de mim, durante os quais meu espírito havia deixado de se nutrir, durante os quais nada de aproveitável havia aprendido, durante os quais havia esquecido uma quantidade absurda de coisas por causa de um acervo de erudição poeirenta. Arrastar-me com exatidão e olhos doentes entre os versos métricos antigos –

[71] *Assonância de palavras em que as duas primeiras são sobrenomes de dois amigos íntimos de Wagner; a parte final da frase é transcrição de um verso de Goethe, em que o primeiro vocábulo é o italiano grazie* (obrigado, agradecimentos) e a expressão seguinte é latina: *in infinitum,* até o infinito (NT).

era a isso que eu havia chegado! – Condoído, via-me macilento, reduzido à inanição: as *realidades* precisamente faziam falta em meu saber e as "idealidades", para que diabos serviam! – Uma sede verdadeiramente ardente se apoderou de mim: a partir de então me ocupei de fato de nada mais que de fisiologia, medicina e ciências naturais – não retomei sequer os estudos históricos, a não ser quando minha tarefa me forçou imperiosamente a isso. Foi então que descobri também pela primeira vez a conexão íntima que existe entre uma atividade escolhida contra os próprios instintos, uma assim chamada "vocação" e que é uma coisa a que *menos* somos chamados – e essa necessidade imperiosa de conseguir uma *anestesia* do sentimento de vazio e de fome por meio de uma arte narcótica – por exemplo, por meio da arte de Wagner. Olhando mais atentamente à minha volta, descobri que uma porção de jovens sofre do mesmo *mal*: uma *contra-natureza* traz inevitavelmente consigo uma segunda. Na Alemanha, no "império alemão", para falar sem equívoco algum, demasiados homens são forçados a se decidir prematuramente e, a seguir, a carregar com sofrimento um fardo de que não podem se libertar... Esses necessitam de Wagner como um *ópio* – se esquecem de si próprios, se evadem de si mesmos por um instante... Que digo! *Por cinco ou seis horas*!...

4

Então meu instinto se decidiu inexoravelmente contra a inclinação de ceder, de seguir, de me confundir a mim mesmo com os outros. Qualquer que fosse o modo de vida, as condições mais desfavoráveis, a doença, a pobreza – tudo isso me parecia preferível a esse indigno "desinteresse" no qual havia caído primeiramente por ignorância, por *juventude*, e ao qual fiquei mais tarde aferrado por preguiça, por pretenso "sentimento do dever". – Nesse momento veio em meu auxílio, de uma maneira que não poderia senão admirar, e precisamente no momento adequado, aquela *má* herança de meu pai – no fundo, uma predestinação a uma morte precoce. A doença *me liberou lentamente*: ela me poupou toda ruptura, todo passo violento e chocante. Não perdi então a benevolência de ninguém e ainda conquistei várias mais. A doença me conferiu de qualquer forma o direito de uma reviravolta completa de todos os meus hábitos; permitiu-me, *ordenou*-me o esquecimento; deu-me de presente a *obrigação* de permanecer deitado, do ócio, da espera e da paciência... Mas é justamente isso que se chama pensar... Meus olhos decidiram por si sós acabar com toda bibliomania, falando claro: a filologia: livre-me do "livros", durante anos não voltei a ler mais nada – o *maior* benefício que me concedi a mim mesmo! – Esse eu profundo por assim dizer sepultado, por assim dizer tornado mudo pela *obrigação* constante de ouvir outros eu (e isso significa precisamente ler!), despertou lentamente, tímido, incerto – mas finalmente *voltou a falar*. Nunca fui tão feliz comigo mesmo como nos períodos mais doentios e mais dolorosos de minha vida: basta ler *Aurora* ou, por exemplo, *O Viajante e a sua Sombra,* para compreender o que foi esse "retorno a mim mesmo": uma forma superior de *cura* de si!... A outra não foi mais que consequência desta.

5

Humano, demasiado humano, esse monumento de uma rigorosa criação de um eu, com a qual pus fim bruscamente a tudo o que se havia introduzido em mim de "patifaria superior", de "idealismo", de "belos sentimentos" e outras tolices femininas, foi redigido em suas partes essenciais em Sorrento[72]; foi concluído e recebeu sua forma definitiva durante um inverno em Basileia, em condições incomparavelmente mais desfavoráveis que aquelas de Sorrento. No fundo, quem tem sobre sua consciência esse livro é *Peter Gast*, que na época estudava na Universidade de Basileia e estava muito ligado a mim. Eu ditava, com a cabeça dolorida e enrolada em compressas, ele escrevia e até mesmo corrigia – ele foi, na verdade, o verdadeiro escritor, enquanto eu era apenas o autor. Quando finalmente tive em mãos o livro acabado – com o profundo assombro de um doente grave como eu era – enviei, entre outros, dois exemplares para Bayreuth. Por um desses acasos espantosamente significativos, chegou para mim simultaneamente um belo exemplar do texto de

[72] Cidade italiana situada nas proximidades de Nápoles (NT).

Parsifal, com essa dedicatória de Wagner a mim: "A seu caro amigo Friedrich Nietzsche, Richard Wagner, conselheiro eclesiástico". – Esse cruzamento pelo caminho dos dois livros – era para mim como ouvir um ruído de mau agouro. Não se assemelhava ao ruído de duas *espadas* que se cruzam?... De qualquer modo, tivemos ambos a mesma sensação: pois ambos silenciamos. – Foi por essa época que apareceram os primeiros *Bayreuther Blätter*: compreendi então *para que* havia chegado o grande momento. – Inacreditável! Wagner se havia tornado piedoso...

6

De que maneira eu pensava então (1876) sobre mim mesmo, com que formidável segurança tinha em mãos minha tarefa e o que ela detinha de histórico-mundial, disso dá testemunho o livro inteiro, mas particularmente uma passagem explícita: só que aqui também evitei, com minha astúcia instintiva, a pequena palavra "eu" e dessa vez não foi Schopenhauer ou Wagner, mas um de meus amigos, o notável Dr. Paulo Rée[73] que eu iluminava com uma glória histórico-mundial – felizmente um animal demasiado refinado para... *Outros* foram menos refinados: os casos sem esperança entre meus leitores, por exemplo, o típico catedrático alemão, os quais, apoiando-se nessa passagem, acreditavam ter de entender todo o livro como *realismo* superior... Na verdade, o livro continha a refutação de cinco ou seis teses de meu amigo: sobre isso pode-se ler o prefácio da *Genalogia da Moral*. – A passagem a que me refiro diz: "Qual é, pois, a tese principal a que chegou um dos pensadores mais corajosos e mais frios, o autor do livro *Sobre a origem dos sentimentos morais* (*leia-se* Nietzsche, o primeiro *imoralista*), em virtude de suas análises penetrantes e incisivas do agir humano? "O homem moral não está mais perto do mundo inteligível que o homem físico – pois o mundo inteligível não existe..." Esta frase, temperada e afilada sob as marteladas do conhecimento histórico (leia-se: *Transmutação de todos os valores*), poderá talvez um dia num futuro qualquer

[73] Paul Rée (1849-1901), um dos grandes amigos de Nietzsche, mais tarde, porém, romperam por causa de uma mulher, Lou von Salomé (NT).

– 1890! – servir de machado para cortar à raiz a "necessidade metafísica" da humanidade – se para a bênção ou para a maldição da humanidade, quem poderá dizê-lo? Mas em todo caso, essa é uma proposição de consequências mais destacadas, fecundas e terríveis ao mesmo tempo, que olha o mundo com aquele *duplo olhar* que possuem todos os grandes conhecimentos...

IV – Aurora[74]

PENSAMENTOS SOBRE A MORAL COMO PRECONCEITO

1

Com este livro começa minha campanha contra a *moral*. Não é que cheire minimamente a pólvora: – nele serão percebidos odores completamente distintos e bem mais agradáveis, supondo que se tenha alguma fineza no nariz. Nem artilharia pesada nem leve: se o efeito do livro é negativo, tanto menos o são seus meios, dos quais se segue o efeito como se segue uma conclusão, *não* como um tiro de canhão. O fato de que se despeça deste livro com uma temerosa desconfiança para com tudo o que até agora foi honrado e mesmo adorado sob o nome de moral, isso não impede que em todo o livro se encontre nenhuma palavra negativa, nenhum ataque, nenhuma maldade – antes, que se estenda ao sol, beato e feliz como um animal marinho que toma sol entre os rochedos. Finalmente, eu mesmo era esse animal marinho: quase cada uma das frases desse livro é pensada, *pescada* naquele caos de rochedos situado nas proximidades de Gênova, onde vivia sozinho e onde só com o mar tinha confidências. Ainda agora, se acaso volto a tocar nesse livro, quase cada uma de suas frases se converte para mim numa linha com a qual pesco das profundezas toda espécie de coisas incomparáveis: toda a sua pele vibra com delicados estremecimentos da recordação. A arte que o distingue não é tão pequena para deixar de reter coisas que passam levemente e sem ruído, instantes a que chamo de lagartos divinos – certamente não com a crueldade daquele jovem deus grego que simplesmente espetava o pobre lagartinho, mas assim mesmo com algo afiado, com a caneta... "Há tantas auroras que ainda não resplandeceram" – esta inscrição *indiana* aparece na página inicial de meu livro. *Onde* seu autor *procura* essa nova manhã, esse vermelho delicado, até agora ainda desconhecido, com o qual um dia – ah! toda uma série, todo um mundo de novos dias – recomeça? Numa

[74] Livro a ser publicado brevemente nesta coleção da Editora Escala (NT)

transmutação de todos os valores, num desvinculamento de todos os valores morais, num dizer sim e numa confiança para com tudo o que até agora foi proibido, desprezado, maldito. Este livro *que diz sim* derrama sua luz, seu amor e sua ternura somente sobre coisas más, lhes restitui a "alma", a boa consciência, o direito soberano e o *privilégio* da existência. A moral não é atacada, simplesmente não conta mais... Esse livro termina com um "ou?" – é o único livro do mundo que termina com um "ou?"...

2

Minha tarefa de preparar para a humanidade um instante da maior tomada de consciência, um *grande meio-dia* em que olhe para trás e para frente, em que se liberte do domínio do acaso e dos padres e em que ponha, pela primeira vez, em *sua totalidade* a questão do "por quê?" e do "para quê?" – essa tarefa decorre necessariamente da ideia que a humanidade não está *em absoluto* no caminho certo, que ela não é dirigida *em absoluto* por uma mão divina, que, muito pelo contrário, sob a capa dos conceitos de avaliação mais sagrados, é justamente o instinto de negação, de corrupção, o instinto de *decadência* que reinou como agente de sedução. A questão da origem dos valores morais é, pois, para mim uma questão *capital*, porque condiciona o futuro da humanidade. A exigência de acreditar que no fundo tudo se encontra nas melhores mãos, que um livro, a *Bíblia,* fornece a segurança definitiva sobre o governo e a sabedoria divinos quanto aos destinos da humanidade, é, se for retraduzido em termos de realidade, a vontade de não deixar aparecer a verdade sobre o lamentável estado de coisas contrário, a saber, que a humanidade esteve até agora nas *piores* mãos, que foi governada pelos fracassados, pelos astuciosos vingativos, os pretensos "santos", esses caluniadores do mundo e violentadores do homem.

O sinal decisivo em que se revela que o sacerdote (incluindo os padres *mascarados*, os filósofos) se tornou senhor de tudo e não só de uma comunidade religiosa, que é a moral da *decadência*, a vontade de terminar com tudo que passa por moral em si, esse sinal é o valor incondicional conferido às ações não-egoístas e a hostilidade manifestada em toda parte contra as ações egoístas. Quem estiver em desacordo comigo sobre esse ponto, eu o considero como *infectado*... Mas o mundo inteiro está em desacordo comigo... Para um fisiologista, semelhante antinomia dos valores não deixa dúvida alguma. Quando, no interior de um organismo, o menor órgão se enfraquece por menos que seja e deixa de assegurar sua conservação, a renovação de sua energia, seu "egoísmo", então o conjunto degenera. O fisiologista exige a *ablação* da parte em degenerescência, recusa toda solidariedade com essa parte que degenera, ignora a piedade. Mas o sacerdote *quer* precisamente a degenerescência do conjunto da humanidade: é por isso que ele conserva o que degenerou – é a esse preço que domina a humanidade... Que sentido têm esses conceitos mentirosos, os conceitos auxiliares da moral, como "alma", "espírito", "vontade livre", "Deus", senão o de arruinar fisiologicamente a humanidade?... Quando se deixa de levar a sério a autoconservação, o aumento da energia do corpo, *isto é, da vida*, quando se interpreta a anemia como um ideal, o desprezo do corpo como "salvação da alma", que outra coisa é senão uma *receita* para a *decadência*? – A perda do centro de gravidade, a resistência aos instintos naturais, numa palavra, o "desinteresse" – aí está o que até agora se chamou *moral*... Com *Aurora* tome pela primeira vez em armas contra a moral da renúncia ao eu.

V – O alegre saber[1]

("La gaya scienza")

Aurora é um livro que diz sim, profundo, mas claro e bondoso. Acontece o mesmo e até em grau mais alto com *La gaya Scienza:* em quase cada uma de suas frases profundidade e petulância andam ternamente de mãos dadas. Uma estrofe que exprime o reconhecimento pelo mais prodigioso mês de janeiro que já vivi – todo o livro é um presente dele – revela de modo suficiente de que profundidade saiu o "saber" para se tornar *alegre*:

Tu que com um dardo de fogo
despedaçaste o gelo de minha alma,
que agora reverberante se apressa
para o mar de sua mais elevada esperança:
sempre mais luminosa e sempre mais saudável,
livre na obrigação mais amorosa –
assim é que ela louva teus prodígios,
tu, o mais belo dos janeiros! O que significa aqui "a mais elevada esperança", quem pode duvidar ao ver refulgir no final do quarto livro a beleza diamantina das primeiras palavras de *Zaratustra*? – Ou ao ler as frases graníticas do final do livreiro terceiro, com as quais se reduz a fórmulas pela primeira vez um destino *para todos os tempos*? As *Canções do príncipe Fora-da-Lei,* compostas em sua maior parte na Sicília, recordam de modo expresso a ideia provençal da "*gaya scienza*", essa unidade do *trovador*, do *cavaleiro* e do *espírito livre*, pela qual essa magnífica cultura antiga dos provençais se distingue de todas as culturas equívocas: especialmente o último poema, *Ao Mistral,* exuberante canção de dança, na qual, com a devida permissão, se dança por cima da moral, é um provençalismo perfeito.

VI – Assim falava Zaratustra[75]

Um livro para todos e para ninguém

1

Agora vou contar a história do *Zaratustra*. O conceito fundamental da obra, o *pensamento do eterno retorno*, essa fórmula suprema da afirmação a que se pode chegar em absoluto – remonta ao mês de agosto de 1881: esse pensamento foi lançado numa folha de papel com esta subscrição: "A 6.000 pés para além do homem e do tempo". Nesse dia eu caminhava na floresta à margem do lago de Silvaplana[76]; perto de um imponente rochedo erigido como uma pirâmide, não muito longe de Surlei, parei. Foi lá que me veio este pensamento. Se, desse dia, volto alguns meses para trás, encontro como sinal precursor uma modificação repentina e, em profundidade, decisiva de meu gosto, sobretudo em música. Talvez se pudesse classificar todo o *Zaratustra* como música; – certamente uma de suas condições prévias foi um renascimento da arte de ouvir. Numa pequena estância termal na montanha perto de Vicenza, Recoaro[77], onde passei a primavera de 1881, descobri, na companhia de meu mestre e amigo Peter Gast, ele também um "renascido", que a fênix Música passava voando logo acima de nós, coberta de uma plumagem mais leve e mais luminosa que nunca. Se, ao contrário, conto a partir daquele dia para diante, até o parto que ocorreu de maneira repentina e nas circunstâncias mais inverossímeis em fevereiro de 1883 – a parte final, da qual citei algumas passagens no prefácio, foi concluída precisamente na hora sagrada em que Richard Wagner expirava em Veneza – disso resultam dezoito meses de gravidez. Este número preciso de dezoito meses podia fazer pensar, pelo menos entre budistas, que eu sou no fundo um elefante fêmea. – Nesse intervalo se situa *A gaia ciência*, que contém cem indícios da aproximação de algo incomparável; e para tudo dizer, nela já

[75] Livro já publicado nesta coleção da Editora Escala (NT).

[76] Perto de Saint-Moritz e Sils-Maria, no cantão suíço dos Grisões, a 1.800 metros de altitude (NT).

[77] Pequena cidade da província de Vicenza, região do Vêneto, nordeste da Itália (NT).

se encontra o princípio de *Zaratustra*, pois na penúltima parte do livro quarto dá a ideia fundamental do *Zaratustra*. – Nesse período intermediário se situa igualmente o *Hino à Vida* (para coro misto e orquestra), cuja partitura apareceu há dois anos na editora E. W. Fritsch, em Leipzig: sintoma não insignificante talvez de meu estado de espírito nesse ano, em que o *sentimento afirmativo por excelência*, a que chamei de sentimento trágico, morava dentro de mim em grau supremo. Dia virá em que será cantado, mais tarde, em minha memória. – O texto, é preciso dizê-lo de modo expresso porque corre um mal-entendido a respeito, não é meu: é a assombrosa inspiração de uma jovem russa com a qual mantinha então relações de amizade, a senhorita Lou von Salomé. Quem for capaz de encontrar um sentido nas últimas palavras do poema poderá adivinhar por que motivo o preferi e o admirei: elas possuem grandeza. O sofrimento *não* é um argumento contra a vida: "Se já não tens felicidade para me dar, pois bem!, *ainda tens tua dor*..." Talvez até mesmo minha música possua grandeza nessa passagem. (A última nota do oboé: *dó bemol* e não *dó*, erro de imprensa). – O inverno seguinte o passei na calma baía de Rapallo, perto de Gênova, que se estende entre Chiavari e o promontório de Portofino. Minha saúde não era ótima; o inverno decorria frio e excessivamente chuvoso; um pequeno *albergo* (hotel), situado justamente à beira do mar, de modo que o rumor da maré alta me tornava o sono impossível, oferecia praticamente em tudo o contrário do desejável. Apesar disso e quase como prova de minha tese que prevê que tudo o que é decisivo surge "apesar de" algo, foi nesse inverno e nessas condições desfavoráveis que nasceu meu *Zaratustra*. – Pela manhã subia em direção sul pela magnífica estrada que leva a Zoagli, ao longo dos pinheiros e divisando bem longe o mar; à tarde contornava a baía de Santa Margherita até chegar por trás de Portofino. Este lugar e esta paisagem se tornaram ainda mais próximos de meu coração pelo grande apreço que lhes devotava o inolvidável imperador alemão Frederico III; eu estava de novo por acaso ali quando ele, no outono de 1886, pela última vez visitou esse pequeno e esquecido mundo de felicidade. – Foi nesses dois caminhos que me surgiu a ideia de toda a primeira parte de *Zaratustra*, sobretudo o próprio Zaratustra como tipo: mais exatamente, ele *me assaltou*...

2

Para compreender esse tipo é necessário ter em primeiro lugar uma ideia clara de sua condição fisiológica de existência: isto é, aquilo que chamo a grande saúde. Não poderia explicar melhor essa noção, explicá-la de maneira mais pessoal do que já o fiz num dos parágrafos finais do quinto livro de A gaia ciência. "Nós, novos, sem nome, difíceis de compreender – se diz ali – nós, prematuros de um futuro ainda não demonstrado, nós temos necessidade, para uma nova finalidade, de um novo meio, entendo de uma saúde nova, de uma saúde mais forte, mais prudente, mais resistente, mais temerária, mais jovial que todas as saúdes que até agora existiram. Aquele cuja alma tem sede de ter vivido o conjunto de todos os valores e de todas as aspirações conhecidas até hoje e de ter percorrido ao longo de todas as costas desse ideal "Mediterrâneo", aquele que pretende conhecer, pelas aventuras da experiência mais pessoal, qual é o estado de espírito de um conquistador e explorador do ideal e até mesmo de um artista, de um santo, de um legislador, de um justo, de um sábio, de um homem piedoso, de um homem piedoso, de um santo de Deus na antiga acepção: esse não tem necessidade para isso, antes de mais nada, senão de uma coisa, a grande saúde – saúde que não basta ter, mas ainda que se conquiste e que é necessário reconquistá-la sem cessar, porquanto é abandonada e se deve abandoná-la sem cessar... E agora, depois de termos estado por tanto tempo a caminho, nós, argonautas do ideal, mais corajosos talvez do que a prudência aconselha e muitas vezes náufragos e vítimas de catástrofes, mas, como foi dito, mais sadios de quanto se poderia pretender, perigosamente saudáveis, recobrando sem cessar a saúde – parece-nos que, como recompensa, se estende diante de nós uma terra incógnita, cujas fronteiras ninguém jamais viu, um além de todas as terras e refúgios do ideal até hoje conhecidos, um mundo tão fecundo de coisas belas, estranhas, perturbantes, terríveis e divinas, que nossa curiosidade como nossa sede de possuir estão desconcertadas – ai! a ponto que nada mais nos poderia saciar!... Como poderíamos, depois de tais espetáculos e de tal voracidade na alma e na consciência, contentar-nos ainda com o homem atual? Tanto pior, mas é inevitável que olhemos para suas mais dignas metas e esperanças tão somente com uma seriedade difícil de manter, e talvez nem sequer olhemos mais... É outro ideal que perseguimos, um ideal maravilhoso, tentador, cheio de riscos, do qual não gostaríamos de persuadir ninguém, pois não concedemos tão facilmente o direito a esse ideal: o ideal de um espírito que, ingenuamente, isto é, sem fazê-lo propositadamente e por plenitude e poder transbordante, brinca com tudo aquilo que, até agora, se chamava santo, bom, inatingível, divino; um espírito para o qual os bens supremos que com razão servem de critério de valores para o povo já significariam algo como o perigo, o declínio, o rebaixamento ou, pelo menos, o repouso, a cegueira, o esquecimento momentâneo de si; o ideal de um bem-estar e de uma boa vontade humana-sobre-humana que muitas vezes se afigurará desumana, por exemplo, quando se confronte com toda a seriedade humana tida até hoje, a solenidade da atitude, da palavra, do tom, do olhar, da moral e do dever como sua involuntária paródia viva – e com o qual, entretanto, somente principia talvez a grande seriedade, o verdadeiro ponto de interrogação é posto, o destino da alma dá uma volta, a agulha avança, a tragédia começa..."

3

– Tem alguém, no final do século XIX, um conceito claro do que os poetas de épocas poderosas denominaram inspiração? Supondo que não, vou descrevê-lo. – Se porventura se conserva o mínimo vestígio de superstição, seria difícil rechaçar de fato a ideia de ser mera encarnação, mero porta-voz, mero medium de forças superiores. A noção de revelação, no sentido que de repente, com uma segurança e uma fineza indizíveis, se deixa ver, se deixa ouvir algo, algo que comove e transtorna qualquer um no mais profundo, descreve simplesmente a realidade dos fatos. Ouve-se, não se procura; toma-se, não se pergunta quem dá; como um relâmpago refulge um pensamento, com necessidade, sem vacilação na forma – eu pessoalmente nunca tive que escolher. Um êxtase, cuja extraordinária tensão se resolve às vezes numa torrente de lágrimas, no qual algumas vezes o passo se precipita involuntariamente e outras vezes se torna lento; um estado de completo êxtase com a consciência claríssima de um ilimitado número de tremores e estremecimentos delicados que chegam até os artelhos; um abismo de felicidade, no qual o mais doloroso e o mais lúgubre não constitui um contraste, mas é uma consequência exigida, um elemento indispensável, um matiz necessário no meio de tal superabundância de luz; um instinto das relações rítmicas que se estende sobre vastos espaços de formas – o comprimento, a necessidade de um ritmo amplo, é quase o critério do poder da inspiração, espécie de compensação de sua pressão e de sua tensão... Tudo acontece de maneira sumamente involuntária, mas como numa tempestade de sentimento de liberdade, de indeterminação, de poder, de divindade... O mais notável é o caráter involuntário da imagem, da metáfora; não se tem mais nenhuma ideia do que seja imagem, metáfora, tudo se oferece como a expressão mais próxima, mais exata, mais simples. Parece verdadeiramente, para retomar uma frase de Zaratustra, que as próprias coisas se aproximam e se oferecem como metáforas (– "aqui todas as coisas acorrem acariciadoras a tua palavra e te afagam: pois elas querem cavalgar em tuas costas. Nas costas de cada metáfora chegas a cada verdade. Aqui se abrem bruscamente para ti todas as palavras do ser e os cofres da palavra; todo o ser aqui quer tornar-se palavra, todo devir quer aprender de ti a falar" –). Esta é minha experiência da inspiração; não duvido de que se tenha que recuar milênios para encontrar alguém que possa me dizer "é também a minha".

4

Depois disso, fiquei de cama, doente, algumas semanas em Gênova. Seguiu-se uma primavera melancólica em Roma, onde aceitei a vida – não foi fácil. No fundo, esse lugar, o menos conveniente para o poeta do Zaratustra e que eu não havia livremente escolhido, me desgostava sobremaneira; tentei fugir dele – quis ir para Áquila[78], a antítese de Roma, fundada por hostilidade contra Roma, como eu haverei de fundar um dia um lugar semelhante

[78] Cidade no centro da Itália, a aproximadamente 100 km de Roma, fundada por Frederico II (ver nota seguinte) sobre as ruínas romanas de *Amiternum* (NT).

em memória de um ateu e inimigo da Igreja comme il faut (como deve ser), de um de meus mais próximos parentes, o grande imperador Hohenstaufen, Frederico II[79]. Mas em tudo isso havia uma fatalidade: tive de regressar. Finalmente, eu me contentei com a praça Barberin[80], depois de me cansar em procurar um local anticristão. Um dia, receio, para evitar o mais possível os maus odores, me dirigi ao palácio Quirinal[81] para perguntar se não dispunham de um quarto tranquilo para um filósofo. – Foi numa sacada que dominava a mencionada praça, de onde se vê toda a cidade de Roma e de onde se ouve lá embaixo o murmúrio da fonte, que foi composto o canto mais solitário que jamais foi escrito, a Canção da Noite; nessa época girava sempre em minha cabeça uma melodia de uma indizível melancolia, cujo estribilho reencontrei nas palavras "morto de imortalidade"... No verão, ao regressar ao lugar sagrado em que o primeiro raio do pensamento de Zaratustra me havia iluminado, encontrei o segundo Zaratustra. Dez dias bastaram; em nenhum caso, nem no primeiro, nem no terceiro e último, levei mais tempo. No inverno seguinte, sob o céu alciônico de Nice, que então pela primeira vez vinha resplandecer em minha vida, encontrei o terceiro Zaratustra – e assim estava pronto. Calculando tudo, apenas um ano. Muito lugares escondidos e elevações nos arredores de Nice são para mim santificados por instantes inolvidáveis; a parte decisiva, intitulado " De tábuas antigas e novas", foi composta durante a cansativa subida da estação até o maravilhoso ninho rochoso mourisco de Eza – a maior agilidade muscular sempre foi muito grande em mim juntamente com o transbordamento da força criadora. É o corpo que se entusiasma: deixemos de lado a "alma"... Amiúde podiam ver-me dançar: então eu era capaz, sem a menor suspeita de fadiga, de caminhar pelas montanhas durante sete ou oito horas. Dormia bem, ria muito – eu me encontrava num forma de robustez e de paciência perfeitas.

[79] Trata-se de Frederico II (1194-1250), imperador da Alemanha, excomungado pelo papa e denominado "o Anticristo", mas era tolerante com todas as religiões não-cristãs; o parentesco invocado por Nietzsche com ele é puramente metafórico (NT).

[80] Famosa praça de Roma (NT).

[81] Hoje, este palácio é a esidência do presidente da república italiana; na época de Nietzsche era a residência do rei da Itália e anteriormente havia sido residência estiva dos papas (NT).

5

Prescindindo desses trabalhos de dez dias, os anos durante e sobretudo depois do Zaratustra foram anos de angústia sem igual. Paga-se caro por ser imortal: por isso se morre muitas vezes em vida. – Há algo que chamo de rancor do que é grande: todo o grande, obra, ação, se volta, uma vez realizada, imediatamente contra seu autor. Só pelo fato de ter realizado, torna-se o autor daí em diante fraco – não suporta mais sua ação, não a olha mais de frente. Ter algo atrás de si que não se ousaria querer, algo em que se amarra o nó do destino da humanidade – e tomá-lo já sobre si!... Isso praticamente esmaga... O rancor daquilo que é grande! – Outra coisa ainda é o espantoso silêncio que se ouve ao redor de nós. A solidão tem sete peles; nada pode atravessá-la. Chega-se aos homens, cumprimenta-se os amigos: novo deserto, nenhum olhar que cumprimente. No melhor dos casos, encontra-se uma espécie de revolta. Semelhante revolta já a constatei em graus muito diferentes, mas da parte de quase todos aqueles estavam muito próximos de mim; parece que nada ofende mais profundamente que fazer notar subitamente uma distância – as naturezas nobres, que não sabem viver sem venerar, são raras. – Uma terceira coisa é a absurda sensibilidade da epiderme às pequenas picadas, uma espécie de impotente angústia diante de tudo o que é pequeno. Isso me parece dever-se ao considerável dispêndio de todas as energias de defesa que todo ato criador implica, todo ato nascido do mais pessoal, do mais íntimo, do mais profundo. As pequenas capacidades de defesa são repentinamente, por assim dizer, desmontadas; não recebem mais nenhuma energia. – Eu me permito dizer que se digere pior, que os movimentos se tornam mais difíceis, que se está mais exposto às sensações de frio e à desconfiança – desconfiança que, em muitos casos, não passa de um equívoco etiológico. Em semelhante estado, pressenti a proximidade de um rebanho de vacas, depois do retorno de pensamentos mais amenos, mais filantrópicos, antes mesmo de percebê-los: isso tem calor em si...

6

Esta obra ocupa um lugar totalmente à parte. Vamos deixar de lado os poetas: talvez nunca se tenha feito nada a partir de semelhante superabundância de forças. Meu conceito de "dionisíaco" se tornou aqui ação suprema; comparado a ela, qualquer outro agir humano aparece pobre e limitado. Dizer que um Goethe, um Shakespeare não pudessem respirar um só instante nesta atmosfera de paixão e de altitude, que Dante, perto de Zaratustra, seja apenas um crente e não alguém que cria pela primeira vez a verdade, um espírito que governa o mundo, um destino – que os poetas do Veda sejam sacerdotes e nem sequer dignos de desatar as sandálias de Zaratustra, tudo isso é o mínimo que se pode dizer e não dá ideia da distância, da solidão azul em que esta obra vive. Zaratustra tem o eterno direito de dizer: "Traço círculos em torno de mim e fronteiras sagradas; sempre mais raros são aqueles que sobem comigo em montanhas sempre mais altas – edifico maciços montanhosos com montanhas sempre mais sagradas." Que sejam reunidos numa só o espírito e a bondade de todas as grandes almas: todas juntas não estariam em condições de produzir um só discurso de Zaratustra. A escadaria pela qual sobe e desce é imensa; viu mais longe, quis mais longe, pôde ir mais longe que nenhum outro ser humano. Ele, esse espírito afirmativo dentre todos, contradiz com cada uma de suas palavras; nele, todas as oposições são reunidas numa unidade nova. As forças mais elevadas e as mais baixas da natureza humana, o que há de mais suave, de mais frívolo e de mais terrível emanam de uma fonte única com uma imortal segurança. Até ele, não se pode saber o que é a altura, o que é a profundidade; menos ainda se sabe o que é a verdade. Nessa revelação da verdade, não há nenhum instante que tenha sido antecipado, adivinhado por qualquer um dos maiores. Não há sabedoria, exploração da alma, arte da palavra antes de Zaratustra; o mais próximo, o mais usual evoca aqui coisas inauditas. A frase vibrante de paixão; a eloquência tornada música; raios anunciadores de futuros até então insuspeitados. A força de metáfora mais poderosa que tenha existido até agora não passa de miséria e bagatela diante desse retorno da língua à natureza da expressão figurada. – E como Zaratustra desce para dizer a cada um as mais benévolas palavras! Como ele próprio toca seus opositores, os sacerdotes, com mãos delicadas e como sofre com eles por causa deles! – Aqui, a todo instante, o homem é superado, a noção de "super-homem" se tornou aqui realidade suprema – tudo o que se chamava grande no homem se encontra num infinito distante, abaixo dele. O elemento alciônico, os pés ágeis, a onipresença da maldade e da exuberância e tudo o que é, aliás, característica do tipo de Zaratustra, nunca se sonhou que isso fosse essencial à grandeza. É justamente nessa amplidão do espaço, nessa capacidade de acesso a seus opositores que Zaratustra se sente como a espécie suprema de todo o existente e, quando se ouve como a define, convém renunciar a procurar comparações com ele.

– A alma que possui a escada mais longa e que pode descer até o mais profundo,

a alma mais vasta que pode mais longe correr, errara e vagar em si mesma,

a mais necessária, que se precipita com prazer no acaso,

a alma que é e que se submerge no devir, a que possui e quer o querer e o desejar,

aquela que foge de si própria, que a si mesma se deixa alcançar nas mais distantes esferas,

a alma mais sábia a quem a loucura fala mais suavemente,

que se ama a si mesma, na qual todas as coisas têm sua corrente e sua contracorrente, seu fluxo e seu refluxo –

Mas esta precisamente a própria noção de Dioniso. – Outra consideração leva ao mesmo resultado. O problema psicológico no tipo de Zaratustra é de saber como aquele que diz não *nega* num grau inaudito tudo aquilo a que até então dizia sim e pode ser, no entanto, a antítese de um espírito negador. Como o espírito que carrega o peso do mais pesado destino, uma tarefa fatal pode ser, contudo, o espírito mais leve e mais transcendente – Zaratustra é um dançarino; – como aquele que tem a mais implacável e mais profunda visão da realidade, e pensou o "pensamento mais abissal", não encontre nisso, contudo, nenhuma objeção contra a existência, nem sequer contra seu eterno retorno – mas antes, uma razão a mais para *ser ele próprio* o eterno sim para todas as coisas, o "imenso dizer sim e amém sem limite"... "Até dentro de todos os abismos quero levar meu *dizer-sim* de bênção"... *Mas este é, uma vez mais, o conceito de Dioniso.*

7

– Que linguagem usará tal espírito quando fala a si mesmo? A linguagem do ditirambo[82]. Eu sou o inventor do ditirambo. Que se escute como Zaratustra fala a si mesmo antes do nascer do sol: tal felicidade de esmeralda, tal divina ternura nunca tinham encontrado sua expressão antes de mim. Mesmo a mais profunda melancolia de um tal Dioniso se torna ainda ditirambo; dou como exemplo a Canção da Noite, o lamento imortal daquele que a superabundância de luz e de poder, sua natureza solar, condena a não amar.

"*É noite: mais alto falam agora as nascentes. E também minha alma é uma nascente.*

É noite: precisamente agora despertam todas as canções dos amantes. E minha alma também é uma canção de amor.

Em mim há algo de insaciado, de insaciável que quer levantar a voz. Um desejo de amor está em mim, que ele próprio fala a linguagem do amor.

Sou luz: ah, se fosse noite! Mas é minha solidão o estar circundado de luz.

Ah! Se eu fosse sombrio e noturno! Como sugaria os seios da luz!

Eu as bendiria também, vocês, pequenas estrelas cintilantes e vermes luzidios do firmamento! – E ficar feliz por seus presentes de luz.

Mas eu vivo em minha própria luz e sorvo as chamas que de mim saem.

Ignoro a felicidade daquele que recebe; e sonhei tantas vezes que roubar era felicidade maior do que receber...

Tal é a minha pobreza, que minha mão nunca se cansa em dar; tal é minha vontade de ver olhos que esperam e as noites iluminadas de desejo.

Oh! Infelizes todos aqueles que dão! Oh! obscurecimento de meu sol! Oh! desejo de desejo! Oh! fome devoradora na saciedade!

[82] Ditirambo, entre os gregos, era um hino de inspiração lírica em honra de Dioniso; transposto para o diálogo, deu origem à tragédia grega (NT)

Eles recebem o que ofereço: mas chego por acaso a tocar suas almas? Entre dar e receber há um abismo; e o abismo mais estreito é o mais difícil de transpor.

Uma fome brota de minha beleza: gostaria de causar dano a quem eu ilumino, gostaria de despojar aqueles que cumulei – tanta é minha fome de maldade.

Retirar a mão quando outra mão já se estende, como a cascata que hesita em sua própria queda; tanta é minha fome de maldade.

Tal vingança imagina minha plenitude; tal perfídia emana de minha solidão.

Minha felicidade em dar morreu à força de dar, minha virtude se cansou de si mesma por sua superabundância.

Quem sempre dá corre o perigo de perder o pudor; aquele que sempre distribui tem a mão calosa e o coração caloso à força de distribuir.

Meus olhos não têm mais lágrimas diante da vergonha dos pedintes; minha mão se tornou dura demais para sentir o estremecimento das mãos cheias.

Para onde foram as lágrimas de meus olhos e a penugem de meu coração? Oh! solidão de todos aqueles que dão! Oh! silêncio de todos aqueles que iluminam!

Muitos sóis giram no espaço deserto: falam com sua luz a tudo o que trevas – a mim nada dizem.

Oh! essa é a hostilidade da luz para com aquilo que ilumina: inexoravelmente ela segue seu curso.

Injusto contra aquilo que ilumina, no mais profundo de seu coração, frio para com os sóis – assim gira cada sol.

Como o furacão os sóis seguem seu curso, seguem sua vontade inexorável, essa é sua frieza.

Oh! somente vocês, os obscuros, os seres da noite, vocês que criam seu calor com aquilo que ilumina. Oh! só vocês bebem o leite e o reconforto nos seios da luz!

Ai! o gelo me rodeia, minha mão se queima com esse contato gelado! Ai! em mim está a sede, que desfalece pela sede de vocês!

É noite: ai! por que devo ser luz! E sede do que é noturno! E solidão!

É noite: como uma fonte jorra de mim meu desejo – falar é o que desejo.

É noite: mais alto falam agora as fontes que jorram. E minha alma é uma fonte que jorra.

É noite: eis que agora despertam todas as canções dos amantes. E também minha alma é a canção de um amante."

8

Nada igual jamais foi composto, sentido nem sofrido: assim sofre um deus, um Dioniso. A resposta a esse ditirambo sobre o isolamento dos sóis na luz seria Ariadne[83]... Mas quem, além de mim, sabe quem é Ariadne!... Até agora ninguém tinha a solução de todos esses enigmas, duvido que alguém já tenha visto alguma vez um enigma. – Zaratustra define uma vez rigorosamente sua tarefa – é também a minha – a fim de que não se possa equivocar sobre seu sentido: é afirmador até a justificação, até a redenção de todo o passado.

"Caminho entre os homens, como entre fragmentos do futuro: esse futuro que contemplo.

E é todo o meu desejo e meu esforço poético recolher numa unidade o que é fragmento, enigma e sinistro acaso.

E como suportaria eu ser homem, se o homem não fosse também poeta, decifrador de enigmas e redentor do acaso?

Redenção do acaso e transformação do "era" num "eu o quis" – somente isso para mim se chamaria "redenção"."

Em outra passagem, define tão rigorosamente quanto possível o que pode unicamente ser "o homem" a seu ver – *de nenhum modo* o objeto do amor ou até mesmo da compaixão – Zaratustra se tornou senhor igualmente de seu *grande desgosto* pelo homem: o homem é para ele uma coisa informe, matéria, pedra disforme que necessita de escultor.

"Não querer *mais, não* avaliar *mais e não* criar *mais: oh! que este grande cansaço fique sempre longe de mim!*

Também no conhecer sinto somente a alegria de tornar-me e de gerar; e se há inocência em meu conhecimento, isso ocorre porque nele há vontade de gerar.

[83] Na mitologia grega, Ariadne foi abandonada por Teseu, logo que ela o ajudou a sair do labirinto; mas foi socorrida por Dioniso (NT).

Longe de Deus e dos deuses me arrastou essa vontade; que haveria, pois, a criar se deuses – existissem?

Mas para o homem volta sempre a me empurrar minha vontade ardente de criar; assim se sente impelido o martelo para a pedra.

Ai! homens, na pedra cochila para mim uma imagem, a imagem das imagens! Ai! por que deve cochilar na pedra mais dura e mais horrível!

Agora meu martelo se desencadeia cruelmente contra sua prisão. *Da pedra saltam lascas: mas que importa?*

Quero acabar minha obra, pois uma sombra veio até mim – a mais silenciosa e a mais leve das coisas um dia veio até mim.

A beleza do super-homem chegou até mim como uma sombra: que me importam ainda – os deuses!..."

Destaco ainda um último ponto de vista: o verso sublinhado me oferece o pretexto. Para uma tarefa *dionisíaca*, a dureza do martelo, *a própria alegria de aniquilar* fazem parte, de uma forma decisiva, das condições preliminares. O imperativo "sejam duros!", a certeza derradeira de que *todos os criadores são duros* é o verdadeiro sinal distintivo de uma natureza dionisíaca.

VII – Além do bem e do mal[84]

PRELÚDIO DE UMA FILOSOFIA DO FUTURO

1

A tarefa para os anos seguintes já estava traçada da maneira mais rigorosa possível. Uma vez resolvida a parte de minha tarefa que diz sim, seguia-se então a outra metade, que diz não, que faz não: a própria transvaloração de todos os valores até então admitidos, a grande guerra – a provocação de um dia da decisão. Aqui está incluído o lento olhar em derredor em busca de seres afins, de seres que a partir de uma situação forte me ofereceriam a mão para aniquilar. – Desde essa época, todos os meus escritos são anzóis: entenderia eu talvez de pesca de anzol mais que ninguém?... Se nada mordeu, não é culpa minha. Não havia peixes...

2

Este livro (1886) é essencialmente uma *crítica da modernidade* – inclusive das ciências modernas, das artes modernas, mesmo da política moderna, com indicações do tipo oposto, que é também tão pouco moderno quanto possível, um tipo nobre, um tipo afirmador. Neste último sentido, este livro é uma *escola do cavalheiro*, essa ideia tomada num sentido mais intelectual e mais *radical* que nunca. É necessário ter coragem no corpo para poder até mesmo suportá-la, é necessário não ter aprendido a ter medo... Todas as coisas de que nossa época se sente orgulhosa são sentidas como antítese desse tipo, quase como más maneiras, por exemplo, a famosa "objetividade", a "compaixão por todos os que sofrem", o "sentido histórico" com seu servilismo ao gosto alheio, com sua servilidade em arrastar-se ante *pequenos fatos*, o "cientificismo". – Se se levar em conta o livro é *posterior* ao *Zaratustra*, se poderá adivinhar talvez de imediato o

[84] Livro já publicado nesta coleção da Editora Escala (NT).

regime dietético ao qual deve sua composição. O olho, desgastado pela formidável obrigação de olhar ao *longe* – Zaratustra enxerga mais longe ainda que o czar – é forçado aqui a abranger de uma forma mais perspicaz o mais próximo, a época, os arredores. Pode-se encontrar em todo o livro, sobretudo na forma, um idêntico afastamento *voluntário* dos instintos que tornaram possível um Zaratustra. O *refinamento* na forma, na intenção, na arte de *se calar*, se impõe em primeiro plano, a psicologia é manejada com uma dureza e uma crueldade declaradas – o livro não tem uma só palavra de benevolência... Tudo isso relaxa: quem poderia adivinhar finalmente *que* espécie de relaxamento é requerida pelo desperdício de bondade que constitui o *Zaratustra*?... Falando teologicamente – que se ouça com atenção, pois raramente falo como teólogo – foi o próprio Deus que, sob a aparência de serpente, ao final de sua tarefa, repousou sob a árvore do conhecimento: assim descansava de ser Deus... Tudo o que tinha feito era muito belo... O diabo não é mais que a ociosidade de Deus a cada sete dias...

VIII – Genealogia da moral[85]

UM ESCRITO POLÊMICO

As três dissertações que compõem esta *Genealogia* são talvez, no que se refere à expressão, intenção e arte da surpresa, o que de mais inquietante até agora foi escrito. Dioniso é também, como se sabe, o deus das trevas. – Sempre há um começo que *deve* induzir em erro, frio, científico, mesmo irônico, intencionalmente colocado em primeiro plano, intencionalmente demorado. Pouco a pouco a agitação aumenta; relâmpagos isolados; verdades muito desagradáveis vindas de longe, fazendo um barulho de rumorejar surdo – até atingir finalmente um *ritmo feroz* em que tudo se precipita para frente numa formidável tensão. Por fim, cada vez, no meio de detonações absolutamente terríveis, uma *nova* verdade visível entre espessas nuvens. – A verdade da *primeira* dissertação é a psicologia do cristianismo: o nascimento do cristianismo a partir do espírito do ressentimento – *e não*, como se gosta de acreditar, pelo "espírito" – em sua própria essência um movimento de reação, a grande insurreição contra a dominação dos valores *nobres*. A *segunda* dissertação revela a psicologia da *consciência*: esta não é, como se costuma crer, a "voz de Deus no homem" – é o instinto de crueldade que se volta contra si próprio, uma vez que não pode mais se voltar para o exterior. A crueldade, descoberta aqui pela primeira vez como um dos mais antigos e mais inevitáveis subterrâneos da civilização. A *terceira* dissertação dá a resposta à questão de saber de onde vem o *poder* formidável do ideal ascético, do ideal do sacerdote, embora seja, *por excelência*, o ideal nocivo, uma vontade de fim, um ideal de *decadência*. Resposta: *não* porque Deus age por detrás do sacerdote, como se crê, mas por *falta de algo melhor* – porque era o único ideal até agora, porque não tinha concorrentes. "Pois o homem prefere ainda querer o nada antes que nada querer"... Antes de tudo, faltava um *contra-ideal* – *até Zaratustra*. – Espero que me tenham compreendido. Três

[85] Livro já publicado nesta coleção da Editora Escala (NT).

estudos preliminares de um psicólogo para uma reavaliação de todos os valores. – Este livro contém a primeira psicologia do sacerdote.

IX – Crepúsculo dos ídolos[86]

COMO SE FILOSOFA A MARTELADAS

1

Este escrito, que não chega a 150 páginas, de tom alegre e fatal, um demônio que ri – esta obra de tão poucos dias, que hesito em dizer seu número, representa entre todos os meus livros uma exceção: não há nada mais substancial, mais independente, mais subversivo – mais malvado. Se alguém quiser se formar rapidamente uma ideia de como antes de mim tudo estava de cabeça para baixo, deve começar por este escrito. O que no título se chama ídolo é precisamente o que até então se chamava verdade. Crepúsculo dos ídolos significa: a velha verdade está chegando ao fim...

2

Não há realidade, não há "idealidade" que não seja tocada neste escrito (– tocada: que eufemismo prudente!...). Não somente os ídolos eternos, mas também os mais recentes, por conseguinte, os mais senis. As "ideias modernas", por exemplo. Um forte vento sopra entre as árvores e por toda parte caem frutos – verdades. Há nele o desperdício de um outono demasiado fecundo: tropeça-se nas verdades, pisa-se até mesmo em algumas – há demais delas... O que se recolhe, em contrapartida, não é mais nada de duvidoso, são decisões. Sou o primeiro a ter em mãos o critério das "verdades", sou o primeiro a poder decidir. Como se tivesse surgido em mim uma segunda consciência, como se "a vontade" tivesse acendido em mim uma luz no caminho em declive, onde até agora derrapava... O caminho em declive – é o que se chamava outrora o caminha da "verdade"... Terminou todo "impulso obscuro", o homem bom era precisamente o último a ter consciência do caminho reto... E, falando

[86] Livro já publicado nesta coleção da Editora Escala (NT).

seriamente, ninguém antes de mim conhecia o bom caminho, o caminho ascendente: não é senão a partir de mim que há de novo esperanças, tarefas, caminhos a traçar para a civilização – eu sou o anunciador de boas novas... Mesmo nisso sou um destino.

3

Imediatamente depois de terminada a obra mencionada há pouco e sem mesmo perder um só dia, empreendi a ingente tarefa da transvaloração, num um sentimento de orgulho a que nada se iguala, seguro a cada instante de minha imortalidade e gravando em tábuas de bronze, letra por letra, com a certeza de um destino. O prefácio foi escrito a 3 de setembro de 1888: quando naquela manhã da redação saí ao ar livre, me encontrei com o dia mais lindo que a Alta Engadina jamais me havia mostrado – transparente, de cores acesas, incluindo em si todos os contrastes, todos os intermediários entre o gelo e o sul. – Foi somente no dia 20 de setembro que deixei Sils-Maria, detido por inundações, único hóspede finalmente e durante muitos dias desse lugar admirável, ao qual meu agradecimento quer outorgar como presente um nome imortal. Após uma viagem muito acidentada, até mesmo com perigo de morte em Como[87] inundada, onde só consegui entrar tarde da noite, chegava na tarde do dia 21 em Turim, meu lugar provado e desde então minha residência. Reservei novamente o mesmo quarto que havia ocupado na primavera, Via Carlo Alberto, 6, III, de frente ao imponente palácio Carognano onde nasceu Vítor Emanuel[88], com vista para a praça Carlo Alberto e um horizonte distante de colinas. Sem hesitação e sem me deixar distrair um momento, entreguei-me de novo a meu trabalho: faltava terminar o último quarto da obra. No dia 30 de setembro, grande vitória; sétimo dia; descanso de um deus às margens do Pó[89]. No mesmo dia escrevi ainda o prefácio de Crepúsculo dos Ídolos, em cuja revisão das provas me havia divertido durante esse mês. – Nunca havia vivido um outono assim e nunca havia acreditado que semelhante coisa fosse possível na terra – um

[87] Cidade do norte da Itália, situada na fronteira com a Suíça (NT).
[88] Vittorio Emmanuele, rei da Itália (NT).
[89] Maior rio da Itália que atravessa a cidade de Turim (NT).

Claude Lorrain[90] pensado até o infinito, cada dia de uma perfeição idêntica e indômita.

[90] Claude Gelée, dito Claude Lorrain (1600-1682), pintor francês; suas obras retratavam particularmente aspectos paisagísticos e temas bíblicos (NT).

X – O CASO WAGNER

UM PROBLEMA DE MÚSICOS

1

Para ser justo com este escrito, é preciso que o destino da música nos cause o sofrimento que produz uma ferida aberta. – De que é que sofro, quando sofro do destino da música? De que a música perdeu seu caráter transfugurador, afirmador do mundo – de que é música de decadência e de já ter deixado a flauta de Dioniso... Supondo, porém, que se sinta desse modo a causa da música como causa própria, como a história de seus próprios sofrimentos, achar-se-á este escrito cheio de deferências e extraordinariamente benévolo. Manter neste caso o bom humor e rir benevolamente de si mesmo – *ridendo dicere severum*[91] quando o *verum dicere*[92] justificaria todas as durezas – é a própria humanidade. Quem poderá duvidar de que eu, velho artilheiro que sou, não seja capaz de apontar minha artilharia pesada contra Wagner? – Nesse assunto, guardei dentro de mim tudo o que era decisivo – eu amava Wagner... Por fim, ao sentido e ao caminho de minha tarefa corresponde um ataque a um "desconhecido" mais sutil que outro dificilmente poderia perceber – oh! tenho ainda de descobrir muitos outros "desconhecidos" bem diferentes desse Cagliostro da música – mais ainda, e com toda a certeza, um ataque contra a nação alemã, sempre mais preguiçosa e desprovida de instintos nas coisas do espírito, que se torna sempre mais respeitável, que persiste, com um invejável apetite, em alimentar-se de contradições e a engolir, sem dificuldades digestivas, "a fé" bem como o cientificismo, o "amor cristão" bem como o antissemitismo, a vontade de poder (do "Reich") bem como o Evangelho dos humildes... Essa falta de tomar partido diante das contradições! Essa neutralidade e esse "altruísmo" estomacais! Esse sentido da justiça do paladar alemão,

[91] Frase latina que significa "dizer coisas severas rindo" (NT).
[92] Expressão latina que significa "dizer a verdade" (NT).

que outorga a tudo direitos iguais – que acha tudo saboroso! Sem dúvida, os alemães são idealistas... A última vez que estive na Alemanha encontrei o gosto alemão se esforçando em conferir direitos iguais a Wagner e ao Trombeteiro de Säckingen[93]; eu mesmo fui testemunha da maneira pela qual em Leipzig, para honrar um dos músicos mais autênticos e mais alemães, alemão no antigo sentido da palavra, não um mero alemão do Império, o maestro Heinrich Schutz[94], foi fundada uma sociedade Liszt, com a finalidade de cultivar e difundir a astuta música sacra... Sem dúvida alguma, os alemães são idealistas...

2

Mas aqui nada há de me impedir de ser grosseiro e de dizer algumas verdades rudes aos alemães: senão, quem o faria? – Falo de sua falta de pudor em questões históricas. Não é somente que os historiadores alemães tenham perdido a grande visão da marcha dos valores da civilização, que todos eles são fantoches da política (ou da Igreja): essa grande visão foi inclusive proscrita por eles. Para começar, é preciso ser "alemão", ser "da raça", e então se pode decidir sobre todos os valores e antivalores em questões históricas – assim são fixados... "Alemão" é um argumento, "Alemanha, Alemanha, acima de tudo" é um princípio, os germânicos são a "ordem moral universal"; com relação ao império romano, são os depositários da liberdade; com relação ao século XVIII, são os restauradores da moral, do "imperativo categórico"... Há uma maneira alemã do Reich de escrever a história, há mesmo, receio, uma antissemita – há uma maneira de escrever história à moda da corte, aliás, o senhor von Treitschke não se envergonha disso... Recentemente, um juízo de idiota em questões históricas, uma frase do esteta suevo Vischer[95], que felizmente já morreu, deu a volta nos jornais alemães como uma "verdade" à qual todo alemão deve dizer sim: "A Renascença e a Reforma, somente elas duas juntas, formam um todo – a renascença

---

[93] *Der Trompeter von Säckingen*, ópera cômica de Victor Nessler (1841-1890), estreada em 1884 com grande sucesso (NT).

[94] Heinrich Schutz (1585-1672), considerado por Nietzsche um verdadeiro maestro do tipo de alemão antigo (NT).

[95] Friedrich Theodor Vischer (1807-1887), esteta alemão, professor universitário, sua principal obra se intitula *Estética ou ciência do belo* (NT)

estética e a renascença moral." – Semelhantes frases acabam com minha paciência e sinto vontade, sinto mesmo como meu dever dizer de uma vez por todas aos alemães tudo o que já pesa na consciência deles. Todos os grandes crimes contra a civilização nos últimos quatro séculos, isso é o que pesa sobre a consciência deles!... E sempre pelo mesmo motivo: por causa de sua profunda covardia perante a realidade, que é também a covardia perante a verdade, por causa de sua falta de veracidade tornada instinto, por causa de seu "idealismo"... Os alemães fizeram perder à Europa a colheita da última grande época, a época do Renascimento, num momento em que uma ordem superior de valores, em que os valores nobres, que afirmam a vida, que garantem o futuro, haviam chegado a triunfar na sede dos valores contrários, dos valores de decadência – e até nos instintos daqueles que ali se assentavam! Lutero, esse monge fatal, restabeleceu a Igreja e, o que é mil vezes pior, o cristianismo, no momento em que este sucumbia... O cristianismo, essa negação do querer viver tornado religião... Lutero, um monge impossível que, por causa de sua "impossibilidade", atacou a Igreja e – por conseguinte! – a restabeleceu... Os católicos teriam razões para festejar Lutero, compor obras teatrais em su honra... Lutero – e o "renascimento moral"! Aos diabos toda a psicologia! Sem dúvida alguma, os alemães são idealistas! – Por duas vezes, quando com uma bravura e uma vitória sobre si extraordinárias, se havia atingido um modo de pensar sem equívoco e perfeitamente científico, os alemães souberam encontrar caminhos tortuosos para voltar ao antigo "ideal", termos de conciliação entre verdade e "ideal", no fundo fórmulas para ter o direito de rejeitar a ciência, o direito à mentira. Leibniz e Kant[96] – esses dois grandes obstáculos à probidade intelectual da Europa! – Finalmente, quando sobre ponte entre dois séculos de decadência aparecia uma força maior de gênio e de vontade, bastante forte para fazer da Europa uma unidade, uma unidade política e econômica, com o objetivo de criar o governo do universo, os alemães, com suas "guerras de independência", fizeram a Europa perder o significado maravilhoso que comportava a existência de Napoleão – por isso mesmo pesa na consciência deles tudo o que se seguiu, tudo o que existe hoje, essa doença e

[96] Friedrich Theodor Vischer (1807-1887), esteta alemão, professor universitário, sua principal obra se intitula *Estética ou ciência do belo* (NT)

essa sem-razão mais contrária à civilização que pudesse existir, o nacionalismo, essa neurose nacional de que a Europa está doente, essa perpetuação dos pequenos Estados na Europa, da política pequena – fizeram a Europa perder seu sentido, sua razão – eles a levaram a um impasse. – Quem, exceto eu, conhece uma saída para livrar-se desse impasse?... Uma tarefa suficientemente grande para unir de novo os povos?

3

E, finalmente, por que não deveria manifestar minha suspeita? Em meu caso também, os alemães tentarão de novo tudo para que um destino formidável dê à luz um rato. Até agora ficaram desacreditados comigo e duvido que no futuro façam melhor. – Ah! como gostaria de ser aqui mau profeta!... Meus leitores e ouvintes naturais já são agora russos, escandinavos e franceses – serão sempre mais numerosos? – Os alemães só inscreveram na história do conhecimento nomes equívocos, nunca produziram senão falsários "inconscientes" (este termo cabe de direito a Fichte, Schelling, Schopenhauer, Hegel, Schleiermacher[97], bem como a Kant e Leibniz; todos eles não passam de fabricantes de véus[98] –): nunca vão ter a honra de ver colocar no mesmo plano o primeiro espírito íntegro na história do espírito, o espírito em que a verdade faz justiça contra os falsários de quatro séculos e o espírito alemão. O "espírito alemão" é para mim ar malsão: eu me sinto mal em respirar na promiscuidade dessa imundície em questões psicológicas convertida em instinto, que se revela em cada palavra, em cada gesto de um alemão. Eles nunca atravessaram um século XVII de severa autocrítica como os franceses, um La Rochefoucauld[99], um Descartes[100] são cem vezes superiores em retidão ao primeiro dos alemães – até hoje não tiveram psicólogos. Mas a psicologia é quase o critério da limpeza ou falta de asseio de uma raça... E quando não se está limpo, como se poderia ter profundidade? No alemão, quase como na mulher, não se chega nunca ao fundo, porque não o

[97] Todos filósofos alemães dos séculos XVIII e XIX (NT).

[98]Espécie de trocadilho, porquanto *Schleiermacher* quer dizer literalmente "fabricante de véus" (NT).

[99] François La Rochefoucauld (1613-1680), escritor francês (NT).

[100] René Descartes (1596-1650), filósofo e matemático francês (NT).

tem, é tudo. Mas com tudo isso, não se chega a ser superficial. – O que se chama "profundo" na Alemanha é justamente essa falta de limpeza de instinto para consigo mesmo, de que acabo de falar: não se quer estar no claro em si mesmo. Ser-me-ia permitido propor a palavra "alemão" como moeda internacional para essa espécie de depravação psicológica? – Neste momento, como exemplo, o imperador da Alemanha declara que é de seu "dever de cristão" libertar os escravos da África: entre nós, os outros europeus, isso se chamaria simplesmente "alemão"... Os alemães chegaram acaso a produzir um livro que tenha profundidade? Até mesmo a ideia do que é profundo lhes foge. Conheci sábios que consideravam Kant profundo; na corte da Prússia, receio, considera-se o senhor von Treitschke profundo. E quando, incidentalmente, elogio Stendhal[101] como um psicólogo profundo, aconteceu-me, estando com professores universitários alemães, que me pediram para soletrar o nome dele...

4

– E por que não deveria ir até o fim? Gosto de fazer tábua rasa. Tenho a ambição inclusive de passar por depreciador por excelência dos alemães. Minha desconfiança do caráter alemão já a manifestei quando tinha vinte e seis anos (Terceira Intempestiva, p. 71) – os alemães são para mim impossíveis. Quando imagino uma espécie de homem que repugna a todos os meus instintos, o resultado é sempre um alemão. A primeira coisa que me pergunto para "sondar os rins" de um homem é de saber se ele possui o sentimento inato da distância, se vê em toda parte a classe, o grau, a hierarquia entre um homem e outro, se sabe distinguir: é assim que se é cavalheiro; em todos os outros casos, se pertence irremediavelmente à categoria compreensiva e oh! tão bondoso conceito da ralé. Ora, os alemães são ralé – ai! eles são tão bondosos... A gente se rebaixa no trato com os alemães: o alemão nivela... Se excluo de meu trato com certos artistas, principalmente com Richard Wagner, nunca passei uma única hora agradável em companhia de alemães... Supondo que aparecesse entre eles o mais profundo espírito de todos os séculos, qualquer salvador do Capitólio opinaria que sua alma muito

[101] Henri Beyle, dito Stendhal (1783-1842), escritor francês (NT).

pouco bela teria ao menos idêntica importância... Não suporto essa raça, com a qual se está sempre em má companhia, que não tem dedos apurados para as nuances – ai de mim! eu sou nuance – que não tem espírito nos pés e que nem sequer sabe caminhar... Os alemães, finalmente, não têm pés, só têm pernas... Os alemães não têm ideia alguma de quanto são vulgares, mais isso constitui precisamente o superlativo da vulgaridade – nem se envergonham de ser apenas alemães... Falam a respeito de tudo, acham que eles é que têm a última palavra em tudo, tenho medo até mesmo que tenham dado a última palavra a meu respeito... – Minha vida inteira é a prova rigorosa dessas afirmações. É em vão que a passe em revista para encontrar um sinal de tato, de delicadeza para comigo. Dos judeus já os tive, dos alemães, ainda não. Meu modo de ser faz com que seja indulgente e benevolente para com todo mundo – tenho o direito de não fazer diferenças: – isso não me impede de ter olhos para ver. Não faço exceção com ninguém, muito menos com meus amigos – espero, no fim das contas, que isso não tenha causado danos a meu sentimento de humanidade por eles! Há cinco ou seis coisas que sempre fiz questão de honra. – Apesar disso, é quase certo que todas as cartas que recebo há anos me parecem um cinismo: há mais cinismo na benevolência para comigo que em qualquer ódio... Digo na cara a cada um de meus amigos que jamais acreditou que valesse a pena estudar algum de meus escritos; adivinho ao menor sinal que não sabem até mesmo do que eles tratam. Com relação a meu Zaratustra, qual de meus amigos teria visto nele outra coisa senão uma presunção inadmissível, por felicidade perfeitamente sem importância?... Dez anos: e ninguém na Alemanha se sentiu me consciência no dever de defender meu nome contra o silêncio absurdo no qual estava sepultado: foi um estrangeiro, um dinamarquês, quem por primeiro teve para isso suficiente fineza de instinto e coragem, que se insurgiu contra meus pretensos amigos... Em que Universidade alemã seriam possíveis hoje cursos sobre a minha filosofia, como os ministrou na última primavera o Dr. Georg Brandes[102] em Copenhague, demonstrando assim uma vez mais sua qualidade de psicólogo? – Eu mesmo nunca sofri por nada disso; o que é inelutável não me fere; o amor fati[103]

[102] Georg Brandes (1842-1927), historiador da literatura dinamarquesa (NT).
[103] Expressão latina que significa "amor do destino" (NT).

constitui o mais profundo de minha natureza. Mas isso não impede que eu goste da ironia e mesmo a ironia da história do mundo. É assim que, aproximadamente dois anos antes do raio aniquilador da Transmutação que vai precipitar a terra em convulsões, enviei ao mundo o Caso Wagner: os alemães deveriam ainda uma vez se equivocar a meu respeito e eternizar-se! Ainda há tempo para isso! – Conseguiram isso? – Magnífico, senhores alemães! Apresento-lhes meus cumprimentos... Para que não faltem sequer os amigos, acaba de me escrever uma antiga amiga, dizendo que agora eu a faço rir... E isso num momento em que pesa uma responsabilidade indizível sobre mim – em que nenhuma palavra pode ser demasiado delicada, nenhum olhar suficientemente cheio de veneração a meu respeito. De fato, eu carrego o destino da humanidade sobre os ombros.

Por que sou um destino

1

Conheço minha sorte. Dia virá em que se haverá de ligar a meu nome a lembrança de alguma coisa de formidável – uma crise como jamais houve na terra, o mais profundo choque de consciências, uma sentença proferida contra tudo o que até agora não se havia acreditado, exigido, santificado. Não sou um ser humano, sou dinamite. – Apesar de tudo isso, não tenha nada de um fundador de religião – as religiões são coisa do populacho, tenho necessidade de lavar as mãos depois de ter entrado em contato com homens religiosos... Não quero "crentes", acho que tenho malignidade em demasia para crer em mim mesmo, não me dirijo às massas... Tenho um medo atroz de que um belo dia queiram me canonizar: é fácil adivinhar por que tenho pressa em publicar este livro; deve impedir que se faça escândalo por minha causa... Não quero ser um santo, preferiria ser um palhaço... Talvez eu seja realmente um palhaço... E apesar disso, ou melhor, não apesar disso – pois até hoje não houve nada mais mentiroso que os santos – a verdade fala por minha boca. – Mas minha verdade é terrível: pois até hoje a mentira é que foi sendo chamada verdade. – Transvaloração de todos os valores: esta é minha fórmula do ato de suprema tomada de consciência de si da humanidade, que em mim se fez carne e gênio. Minha sorte quer que eu seja o primeiro humano honesto, que eu me saiba em contradição com as mentiras milenares... Eu sou o primeiro a ter descoberto a verdade, uma vez que fui o primeiro em sentir a mentira como mentira – melhor, a cheirá-la como tal... Meu gênio está em minhas narinas... Contradigo como nunca se contradisse e sou, apesar disso, o contrário de um espírito que diz não. Sou um anunciador de boas novas como nunca houve, conheço tarefas de tamanha elevação que a ideia a respeito não ocorria a ninguém até agora; não é senão a partir de mim que há de novo esperanças. Com tudo isso, sou também necessariamente o homem da fatalidade. De fato, quando a verdade entrar em luta com a mentira milenar, teremos terremotos, um espasmo de sismos, um deslocamento de montanhas e de vales como jamais se havia sonhado. A ideia de política terá sido então inteiramente resolvida numa guerra dos espíritos, todas as constelações de poderes da antiga sociedade terão saltado pelos ares – todas elas se baseiam na mentira: haverá guerras como nunca houve na terra. Somente a partir de mim há na terra uma grande política.

2

Alguém quer uma fórmula de semelhante destino feito homem? Encontra-se em meu Zaratustra.

– "*E aquele que quer ser criador no bem e no mal deve em primeiro lugar ser um destruidor e despedaçar valores.*

Assim o mal supremo faz parte da bondade suprema: ora, esta é a bondade criadora."

Sou, de longe, o homem mais terrível que houve até agora: isso não exclui que eu seja o mais benéfico. Conheço a alegria da *destruição* num grau que se equipara à minha *força* de destruição – numa e outra obedeço à minha natureza dionisíaca, que não poderia separar a ação negativa da afirmação. Eu sou o primeiro *imoralista:* por isso sou o *destruidor por excelência*.

3

Não me perguntaram, mas devia-se ter-me perguntado o que significa precisamente em minha boca, na boca do primeiro imoralista, o nome Zaratustra: de fato, o que constitui a notável singularidade desse persa na história é precisamente o contrário disso. Zaratustra foi o primeiro a ter visto na luta do bem e do mal a verdadeira engrenagem motriz das coisas – a tradução da moral em linguagem metafísica, como força, causa, fim em si, essa é a obra própria dele. Mas essa pergunta seria já, no fundo, a resposta. Foi Zaratustra que criou o mais fatal dos erros, a moral: por conseguinte, deve ser também o primeiro a reconhecer esse erro. Não é somente que ele possua nisso uma experiência maior e mais extensa que qualquer outro pensador – a história inteira é seguramente a refutação experimental do princípio da pretensa "ordem moral do mundo": - mais importante, Zaratustra é mais verídico que qualquer outro pensador. Sua doutrina, e só ela, considera a veracidade como virtude suprema – isto é, o contrário da covardia do "idealista" que foge diante da realidade; Zaratustra tem mais coragem inata que todos os pensadores juntos. Dizer a verdade e disparar bem suas flechas é a virtude persa. – Compreendem-me?... A auto-superação da moral pela veracidade, a auto-superação do moralista em seu contrário – em mim – isso é o que significa em minha boca o nome Zaratustra.

4

No fundo, são duas negações que minha palavra imoralista encerra. Nego, por um lado, um tipo de homem considerado até agora como supremo, os bons, os benévolos, os benéficos; por outro lado, nego uma espécie de moral que, por sua autoridade e sua supremacia, apareceu como a moral em si – a moral da decadência, em termos mais precisos, a moral cristã. Seria lícito considerar a segunda contradição como a mais decisiva, pois a superestimação da bondade e da benevolência é, em seu conjunto, a meu ver uma consequência da decadência, um sintoma de fraqueza, incompatível com uma vida ascendente e afirmadora: a afirmação tem como condição a negação e a destruição. – Vou deter-me primeiramente na psicologia do homem bom. Para avaliar o que vale um tipo de homem, é preciso calcular o preço de sua conservação – é preciso conhecer suas condições de existência. A condição de existência dos bons é a mentira: – dito de outro modo, o fato de não querer ver, a qualquer custo, a realidade como é no fundo, isto é, de modo algum suscetível a provocar a todo momento sentimentos de benevolência, ainda menos suscetível a tolerar a intervenção de mãos míopes e bonachonas. Considerar em geral as desgraças de toda espécie como objeções, como algo a ser eliminado, é a tolice por excelência e, considerando bem tudo, uma verdadeira calamidade em suas consequências, uma fatal estupidez – quase tão estúpido como seria querer eliminar o mau tempo – por exemplo, por compaixão pelos pobres... Na grande economia do todo, os aspectos terríveis da realidade (nos afetos, nos desejos, na vontade de poder) são incomensuravelmente mais necessários que essa forma de pequena felicidade, a pretensa "bondade"; é preciso mesmo alguma indulgência para conceder um lugar a esta última, pois ela tem por condição a mentira dos instintos. Terei oportunidade de sobra para provar as consequências extremamente maléficas do otimismo, esse produto dos *homines optimi*[104] para toda a história. Zaratustra, o primeiro que chegou a compreender que o otimismo é tão decadente como o pessimismo e talvez mais nocivo, diz: "Os homens bons nunca dizem a verdade. Falsas margens e falsas certezas é o que os homens bons ensinam. Vocês nasceram e se abrigaram nas mentiras dos bons. Tudo é principalmente mentira e distorsão dos bons". Felizmente o mundo não está construído sobre instintos tais que cabalmente só o animal submisso de rebanho encontre nele sua felicidade mesquinha; exigir que tudo se converta em "homem bom", animal de rebanho, de olhos azuis, benevolente, "bela alma" – ou, como o deseja o senhor Herbert Spencer[105], altruísta, significaria priva a existência de seu caráter grande, significaria castrar a humanidade e reduzi-la a uma miserável quinquilharia. – E foi isso mesmo que se tentou fazer!... Foi realmente isso que se denominou moral... É neste sentido que Zaratustra designa os bons, ora "os últimos homens", ora o "começo do fim"; especialmente os considera como a mais perniciosa espécie de homem, porque impõem sua existência tanto à custa da verdade como à custa do futuro.

"*Os bons – não podem criar, são sempre o começo do fim – crucificam aquele que grava novos valores em novas tábuas, sacrificam o futuro em proveito próprio, crucificam todo o futuro dos homens!*

Os bons – foram sempre o começo do fim. E seja qual for o dano que os caluniadores do mundo possam causar, o dano dos bons é o mais prejudicial de todos."

[104] Expressão latina que significa "homens ótimos" (NT).
[105] Herbert Spencer (1820-1903), filósofo e cientista inglês (NT).

5

Zaratustra, o primeiro psicólogo dos bons, é – por conseguinte – amigo dos maus. Se um homem do tipo decadente ascendeu ao nível do tipo supremo, isso não pôde ocorrer senão à custa do tipo oposto, do homem do tipo forte e viável. Se o animal de rebanho brilha no esplendor da mais pura virtude, o homem de exceção deve ter sido degradado ao nível de mau. Se a mentira a todo o custo reivindica para sua ótica a palavra "verdade", o homem realmente verídico deve se encontrar sob os designativos mais abjetos. Zaratustra não deixa aqui dúvida alguma: diz que o conhecimento dos bons, dos "melhores", foi o que precisamente suscitou seu horror pelo homem em geral; é justamente essa repugnância que lhe deu asas "para planar nos futuros remotos" – não dissimula que seu tipo de homem, tipo relativamente sobre-humano, é justamente sobre-humano em comparação com os bons, e que os bons e os justos chamariam seu super-homem de demônio...

"Vocês, homens superiores que cruzaram com meus olhos, eis a dúvida que vocês me inspiram e meu riso secreto: adivinho que chamarão meu super-homem – demônio!

Vocês são tão estranhos em sua alma à grandeza que o super-homem seria para vocês terrível em sua bondade!"

É desta passagem e não de qualquer outra que se deve partir para compreender o que Zaratustra *quer*: essa espécie de homem concebida por ele concebe a realidade *tal como ela é*: é suficientemente forte para isso – não é uma espécie de homem estranha nem distanciada dela, *é a própria realidade*, contém também ela em si o que essa realidade tem de assustador e de duvidoso, pois *somente assim é que o homem pode ter grandeza...*

6

– Mas é também em outro sentido que escolhi a palavra imoralista como sinal distintivo, como sinal honorífico a meu uso; sinto-me orgulhoso de usar essa designação para me distinguir da humanidade inteira. Ninguém ainda sentiu a moral cristã como algo abaixo de si: isso implicava uma altura, uma visão das distâncias, uma profundidade e uma abissalidade até agora totalmente inauditas. A moral cristã foi até o presente a Circe[106] de todos os pensadores – eles estavam todos a seu serviço. – Quem antes de mim penetrou nas cavernas das quais emana a exalação venenosa dessa espécie de ideal – a calúnia do mundo! –? Quem ousou suspeitar sequer que são cavernas? Quem, antes de mim, entre os filósofos, era precisamente psicólogo, e não exatamente o contrário, "farsante superior", "idealista"? Antes de mim não houve em absoluto psicologia. – Ser nisso o primeiro pode ser uma maldição, é em todo caso um destino: pois se é também o primeiro a desprezar... Meu perigo é a náusea do homem.

7

Acaso me compreenderam? – O que me separa, o que põe à parte de todo o resto da humanidade, é ter *descoberto* a moral cristã. Por isso eu precisava de uma palavra que contivesse um sentido de uma provocação dirigida a cada um. Não ter aberto mais cedo os olhos é, a meu ver, a maior imundície que a humanidade tem na consciência, pois é o fato de abusar de si mesmo que se tornou instinto, a vontade orgulhosa de *não* ver a causalidade, a realidade, quaisquer que sejam, uma fraude em questões psicológicas levada até o crime. A cegueira diante do cristianismo é *o crime por excelência* – o crime *contra a vida*... Os milênios, os povos, os primeiros e os últimos, os filósofos e as mulheres velhas – com exceção de cinco ou seis momentos da história, eu como o sétimo – todos eles, neste ponto, dignos uns dos outros. O cristão foi até agora *o próprio* tipo do "ser moral", uma *curiosidade* sem igual – e *enquanto* ser moral, mais absurdo, mais mentiroso, mais vaidoso, mais frívolo, mais nocivo a si próprio do que quanto poderia ter imaginado o maior depreciador da humanidade. A moral cristã – a forma mais perniciosa da vontade de mentira, a verdadeira Circe da humanidade: foi o que a *corrompeu*. *Não* é o erro enquanto erro

[106] Na mitologia grega, Circe é uma feiticeira; na *Odisseia* de Homero, ela transformou os companheiros de Ulisses em porcos (NT)

que me espanta diante desse espectáculo, não é a falta milenar de "boa vontade", de disciplina, de honestidade, de audácia no domínio do espírito que se manifesta em sua vitória: – é a falta de natureza, o estado de fato absolutamente espantoso que a própria contra-natureza recebeu as supremas honras enquanto moral e ficou suspensa acima da humanidade como lei, como imperativo categórico!... Equivoca-se até esse ponto, *não* como indivíduo, *não* como povo, mas como humanidade!... Que se tenha ensinado a desprezar os instintos fundamentais da vida; que se tenha *forjado a mentira* de uma "alma", de um "espírito" para causar vergonha ao corpo; que se tenha ensinado a ver como algo de impuro a condição primeira da vida, a sexualidade; que se procure o princípio mau na condição mais radicalmente necessária para prosperar, no egoísmo *estrito* (– a palavra já é uma calúnia! –); que, pelo contrário, no sinal típico do declínio e das contradições do instinto, no "altruísmo", na perda do centro de gravidade, na "despersonalização" e "o amor ao próximo" (doença do próximo), se vê o valor superior, que digo!, *o valor em si*... Como! A própria humanidade estaria em *decadência*? Sempre o esteve? – O que é certo é que nunca se ensinou a ela como valores superiores senão valores de *decadência*. A moral da renúncia é a moral de declínio por excelência, o fato "estou perecendo" traduzido no imperativo "vocês todos devem perecer" – e não só no imperativo!... A única moral que se ensinou até hoje, a moral da renúncia, traduz uma vontade de aniquilamento, *nega* radicalmente o próprio fundamento da vida. – Aqui permaneceria aberta a possibilidade de não ser a humanidade que está em degenerescência, mas apenas essa espécie parasita de homens, a do *padre* que, com a moral, se erigiu à força da mentira em árbitro de seus valores – que percebeu na moral cristã seu meio de galgar ao *poder*... E de fato, esta é minha visão das coisas: os mestres, os guias da humanidade, todos foram teólogos e todos foram também *decadentes*: *daí* a transformação de todos os valores em valores hostis à vida, *daí* a moral... *Definição da moral*: moral – a idiossincrasia de *decadentes*, com a intenção oculta *de se vingar da vida – e isso*, com sucesso. Dou muito valor a *esta* definição.

8

– Compreenderam-me? – No que acabo de dizer, não há uma palavra que já não tivesse dito cinco anos atrás pela boca de Zaratustra. – A colocação a descoberto da moral cristã é um acontecimento sem igual, uma verdadeira catástrofe. O que lança uma luz sobre ela é uma força maior, um destino – ele divide em duas partes a história da humanidade. Vive-se antes dele, vive-se depois dele... O raio da verdade atingiu justamente o que se encontrava mais alto até agora: aquele que compreender o que lá foi aniquilado pode olhar se lhe resta ainda alguma coisa nas mãos. Tudo o que até hoje se chamava "verdade" é reconhecido como a forma mais nociva, mais pérfida, mais subterrânea de mentira; o pretexto sagrado de "melhorar" a humanidade, reconhecido como a astúcia para sugar o sangue da vida, para torná-la anêmica. A moral como vampirismo... Quem puser a descoberto a moral, põe a descoberto também o não-valor de todos os valores em que se acredita ou se acreditou; não vê, nos tipos de homens mais venerados e inclusive canonizados, nada mais de venerável, vê neles a espécie mais nefasta de abortos, nefastos porque fascinavam... A ideia de "Deus" inventada para servir de antítese à vida – nela, tudo o que há de nocivo, de envenenado, de caluniador, toda a hostilidade mortal contra a vida sintetizada numa espantosa unidade! A ideia de "além", de "verdadeiro mundo", inventada para depreciar o único mundo que existe – para não deixar a nossa realidade terrestre nenhuma finalidade, nenhuma razão, nenhuma tarefa a propósito! A ideia de "alma", de "espírito" e finalmente a de "imortalidade da alma", inventada para desprezar o corpo, para torná-lo doentio – "santo" – para contrapor uma leviandade horripilante a todas as coisas que merecem seriedade na vida, às questões de alimentação, de habitação, de regime intelectual, do tratamento dos doentes, da higiene, da meteorologia. Em vez de saúde, a "salvação da alma" – quer dizer uma loucura circular intermediária entre as convulsões da penitência e a histeria da redenção! A ideia de "pecado" inventada com o correspondente instrumento de tortura, a ideia do "livre-arbítrio", a fim de desconcertar os instintos, a fim de insuflar a desconfiança contra os instintos para fazer dela uma segunda natureza! Na ideia de "desinteresse", daquele "que renuncia a si mesmo", encontra-se o verdadeiro sinal de decadência, a atração para o nocivo, a incapacidade de discernir o próprio interesse, a autodestruição transformada em sinal do valor, em "dever", em "santidade", em "divino" no homem! Enfim – é o mais terrível – na ideia do homem bom, o favorecimento de tudo o que é fraco, doente, deficiente, sofredor de si, de tudo o que deve perecer – a lei da seleção invertida, um ideal fabricado a partir da oposição ao homem orgulhoso e bem sucedido, ao homem que diz sim, ao homem seguro de um futuro, garante do futuro... E em tudo isso se acreditou, sob a denominação de moral! – *Écrasez l´infâme!*[107]

9

– Compreenderam-me? – Dioniso contra o Crucificado...

[107] Expressão francesa que significa "esmaguem o infame" (NT).

Vida e Obras do Autor

Friedrich Wilhelm Nietzsche nasceu em Röcken, Alemanha, no dia 15 de outubro de 1844. Órfão de pai aos 5 anos de idade, foi instruído pela mãe nos rígidos princípios da religião cristã. Cursou teologia e filologia clássica na Universidade de Bonn. Lecionou Filologia na Universidade de Basiléia, na Suíça, de 1868 a 1879, ano em que deixou a cátedra por doença. Passou a receber, a título de pensão, 3.000 francos suíços que lhe permitiam viajar e financiar a publicação de seus livros. Empreendeu muitas viagens pela Costa Azul francesa e pela Itália, desfrutando de seu tempo para escrever e conviver com amigos e intelectuais. Não conseguindo levar a termo uma grande aspiração, a de casar-se com Lou Andreas Salomé, por causa da sífilis contraída em 1866, entregou-se à solidão e ao sofrimento, isolando-se em sua casa, na companhia de sua mãe e de sua irmã. Atingido por crises de loucura em 1889, passou os últimos anos de sua vida recluso, vindo a falecer no dia 25 de agosto de 1900, em Weimar. Nietzsche era dotado de um espírito irrequieto, perquiridor, próprio de um grande pensador. De índole romântica, poeta por natureza, levado pela imaginação, Nietzsche era o tipo de homem que vivia recurvado sobre si mesmo. Emotivo e fascinado por tudo o que resplende vida, era ao mesmo tempo sedento por liberdade espiritual e intelectual; levado pelo instinto ao mundo irreal, ao mesmo tempo era apegado ao mundo concreto e real; religioso por natureza e por formação, era ao mesmo tempo um demolidor de religiões; entusiasta defensor da beleza da vida, era também crítico feroz de toda fraqueza humana; conhecedor de si mesmo, era seu próprio algoz; seu espírito era campo aberto em que irromperam as mais variadas tendências, sob a influência de sua agitada consciência

Espírito irrequieto e insatisfeito, consciência eruptiva e crítica, vivia uma vida de lutas contra si mesmo, de choques com a humanidade, de paradoxos sem limite. Assim era Nietzsche.

Impressão e Acabamento:
Gráfica Oceano